ENZYKLOPÄDIE
DEUTSCHER
GESCHICHTE
BAND 11

AF627753

ENZYKLOPÄDIE
DEUTSCHER
GESCHICHTE
BAND 11

HERAUSGEGEBEN VON
LOTHAR GALL

IN VERBINDUNG MIT
PETER BLICKLE,
ELISABETH FEHRENBACH,
JOHANNES FRIED,
KLAUS HILDEBRAND,
KARL HEINRICH KAUFHOLD,
HORST MÖLLER,
OTTO GERHARD OEXLE,
KLAUS TENFELDE

DIE DEUTSCHE WIRTSCHAFT IM 16. JAHRHUNDERT

VON

FRANZ MATHIS

R. OLDENBOURG VERLAG
MÜNCHEN 1992

CIP-Titelaufnahme der Deutschen Bibliothek

Enzyklopädie deutscher Geschichte / hrsg. von Lothar Gall in Verbindung mit Peter Blickle ... – München : Oldenbourg.
ISBN 3-486-53691-5
NE: Gall, Lothar [Hrsg.]

Bd. 11. Mathis, Franz: Die deutsche Wirtschaft im 16. Jahrhundert. – 1992

Mathis, Franz:
Die deutsche Wirtschaft im 16. Jahrhundert / von Franz Mathis. – München : Oldenbourg, 1992
(Enzyklopädie deutscher Geschichte ; Bd. 11)
ISBN 3-486-55798-X brosch.
ISBN 3-486-55797-1 Gb.

© 1992 R. Oldenbourg Verlag, München

Das Werk einschließlich aller Abbildungen ist urheberrechtlich geschützt. Jede Verwertung außerhalb der Grenzen des Urheberrechtsgesetzes ist ohne Zustimmung des Verlages unzulässig und strafbar. Das gilt insbesondere für Vervielfältigungen, Übersetzungen, Mikroverfilmungen und die Einspeicherung und die Bearbeitung in elektronischen Systemen.

Umschlaggestaltung: Dieter Vollendorf, München

Gesamtherstellung: R. Oldenbourg Graphische Betriebe GmbH, München

ISBN 3-486-55797-1 geb.
ISBN 3-486-55798-X brosch.

Vorwort

Die „Enzyklopädie deutscher Geschichte“ soll für die Benutzer – Fachhistoriker, Studenten, Geschichtslehrer, Vertreter benachbarter Disziplinen und interessierte Laien – ein Arbeitsinstrument sein, mit dessen Hilfe sie sich rasch und zuverlässig über den gegenwärtigen Stand unserer Kenntnisse und der Forschung in den verschiedenen Bereichen der deutschen Geschichte informieren können.

Geschichte wird dabei in einem umfassenden Sinne verstanden: Der Geschichte der Gesellschaft, der Wirtschaft, des Staates in seinen inneren und äußeren Verhältnissen wird ebenso ein großes Gewicht beigemessen wie der Geschichte der Religion und der Kirche, der Kultur, der Lebenswelten und der Mentalitäten.

Dieses umfassende Verständnis von Geschichte muß immer wieder Prozesse und Tendenzen einbeziehen, die säkularer Natur sind, nationale und einzelstaatliche Grenzen übergreifen. Ihm entspricht eine eher pragmatische Bestimmung des Begriffs „deutsche Geschichte“. Sie orientiert sich sehr bewußt an der jeweiligen zeitgenössischen Auffassung und Definition des Begriffs und sucht ihn von daher zugleich von programmatischen Rückprojektionen zu entlasten, die seine Verwendung in den letzten anderthalb Jahrhunderten immer wieder begleiteten. Was damit an Unschärfen und Problemen, vor allem hinsichtlich des diachronen Vergleichs, verbunden ist, steht in keinem Verhältnis zu den Schwierigkeiten, die sich bei dem Versuch einer zeitübergreifenden Festlegung ergäben, die stets nur mehr oder weniger willkürlicher Art sein könnte. Das heißt freilich nicht, daß der Begriff „deutsche Geschichte“ unreflektiert gebraucht werden kann. Eine der Aufgaben der einzelnen Bände ist es vielmehr, den Bereich der Darstellung auch geographisch jeweils genau zu bestimmen.

Das Gesamtwerk wird am Ende rund hundert Bände umfassen. Sie folgen alle einem gleichen Gliederungsschema und sind mit Blick auf die Konzeption der Reihe und die Bedürfnisse des Benutzers in ihrem Umfang jeweils streng begrenzt. Das zwingt vor allem im darstellenden Teil, der den heutigen Stand unserer Kenntnisse auf knappstem Raum zusammenfaßt – ihm schließen sich die Darlegung und Erörterung der Forschungssituation und eine entsprechend gegliederte Auswahlbibliographie an –, zu starker Konzentration und zur Beschränkung auf die zentralen Vorgänge und Entwicklungen. Besonderes Gewicht ist daneben, unter Betonung des systematischen Zusammenhangs, auf die Abstimmung der einzelnen Bände untereinander, in sachlicher Hinsicht, aber auch im Hinblick auf die übergreifenden Fragestellungen, gelegt worden. Aus dem Gesamtwerk lassen sich so auch immer einzelne, den jeweiligen Benutzer besonders interessierende Serien zusammenstellen. Ungeachtet dessen aber bildet jeder Band eine in sich abgeschlossene Einheit – unter der persönlichen Verantwortung des Autors und in völliger Eigenständigkeit gegenüber den benachbarten und verwandten Bänden, auch was den Zeitpunkt des Erscheinens angeht.

Lothar Gall

Inhalt

MEINER MUTTER
IN DANKBARER ERINNERUNG

I. Enzyklopädischer Überblick

A. Einleitung

Erkenntnistheoretische Ziele

Wann immer man einen größeren historischen Zeitabschnitt resümierend darzustellen versucht, stellt sich die Frage nach den erkenntnistheoretischen Zielen eines solchen Unterfangens, und dies um so mehr, wenn es sich um eine Epoche handelt, die bereits mehrfach Gegenstand wirtschaftsgeschichtlicher Gesamtdarstellungen war. Es kann schwerlich der Sinn einer solchen Synthese sein, die bekannten Daten und Fakten ein weiteres Mal in kompakter Form zu präsentieren, es sei denn, die fortschreitende Forschung hätte inzwischen grundlegend neue Erkenntnisse zutage gefördert. Da dies für die deutsche Wirtschaftsgeschichte zwischen dem späten 15. und dem frühen 17. Jahrhundert nur in geringfügigem Ausmaß der Fall war, gilt es, über die im Vorwort erläuterte Zielsetzung der Herausgeber hinaus nach einer zusätzlichen Rechtfertigung für ein weiteres Buch zu diesem Zeitabschnitt zu suchen.

Das 16. Jahrhundert in der langfristigen Entwicklung von der Völkerwanderung bis zur Gegenwart

Sie kann darin gefunden werden, daß man den Untersuchungszeitraum weniger um seiner selbst willen und weitgehend isoliert – sozusagen als beliebig herausgegriffene Epoche der deutschen Geschichte – betrachtet, sondern ihn statt dessen in die langfristige Entwicklung der deutschen Wirtschaft hineinstellt und daraus die zentrale Frage ableitet, welcher Stellenwert ihm in dieser Entwicklung zukommt, d.h. in unserem Fall, in welchem Ausmaß das 16. Jahrhundert zur Entstehung der heutigen Situation beigetragen hat. An die Stelle einer vorwiegend synchronen sollte eine diachrone Betrachtungsweise treten.

Es ist richtig, daß die deutsche Wirtschaft des 16. Jahrhunderts bereits bisher vor dem Hintergrund der Jahrzehnte davor und danach gesehen worden ist; was bislang jedoch fehlt, ist eine Einordnung, die über die unmittelbar angrenzenden Jahrhunderte hinausreicht. Wie ich an anderer Stelle zu zeigen versuchte [141: MATHIS,

Periodisierung], läßt sich die europäische und damit auch die deutsche Wirtschaftsgeschichte als ein fortschreitender Entwicklungsprozeß erfassen, den man mit gewisser Berechtigung mit dem Ende der Völkerwanderung beginnen lassen kann und der bis in die Gegenwart hineinreicht. Es war kein wahlloses Auf und Ab wirtschaftlichen Tuns, sondern ein Prozeß, der zwar nicht gleichmäßig und auch nicht ohne Unterbrechungen, aber doch mehr oder weniger geradlinig von der noch sehr einfachen, um nicht zu sagen primitiven Wirtschaft des Frühmittelalters zur komplizierten und hoch differenzierten Wirtschaft der Gegenwart führte. Zu untersuchen und darzulegen, wie das „lange“ 16. Jahrhundert in diesen Entwicklungsprozeß hineinpaßt, ob es ihn eher beschleunigte oder verlangsamte, soll das Erkenntnisziel dieses Buches sein.

Problematik des Begriffes „Frühkapitalismus“

Sein anfänglich ins Auge gefaßter Titel, nämlich „Wirtschaftliche Entwicklung und Frühkapitalismus zwischen 1470 und 1620“, hätte ein solches Erkenntnisziel zwar bereits impliziert, deutet doch der Ausdruck „Frühkapitalismus“ auf den die moderne kapitalistische Wirtschaft vorbereitenden und anbahnenden Charakter dieser Zeit hin. Allerdings kamen bei näherem Hinsehen zunehmend Zweifel an der Tauglichkeit des Begriffes „Frühkapitalismus“ für unseren Untersuchungszeitraum auf, worauf im zweiten Hauptabschnitt noch näher einzugehen sein wird. Es empfahl sich daher – um nicht schon durch den Titel einen falschen Eindruck entstehen zu lassen –, diesen in einer Weise abzuändern, die das Ergebnis unserer Analyse nicht von vorneherein präjudiziert, sondern es vorerst noch offen läßt.

Fortschreiten von Arbeitsteilung und Arbeitsproduktivität als Leitlinien der Untersuchung

Zwei Grundlinien sind es, die neben anderen die langfristige Entwicklung der deutschen und der europäischen Wirtschaft kennzeichnen: zunehmende Arbeitsteilung und wachsende Arbeitsproduktivität. Neben dem von der Grundkonzeption der EDG vorgegebenen Hauptziel vor allem des ersten Teiles, nämlich einen enzyklopädischen Überblick über die deutsche Wirtschaft im 16. Jahrhundert zu geben, sollen daher diese beiden Aspekte die nachfolgenden Überlegungen leiten.

Es bedarf keines detaillierten Nachweises, daß sich die moderne Wirtschaft ungleich differenzierter, komplizierter und über den Markt weit verflochtener darstellt, als dies in der noch wenig marktorientierten, teilweise autarken und in hohem Maße auf Subsistenzproduktion ausgerichteten Wirtschaft des frühen Mittelalters der Fall war. Dasselbe gilt für die durchschnittliche Pro-Kopf-Produktion und damit das durchschnittliche Pro-Kopf-Einkommen, die heute ein Vielfaches dessen ausmachen, über das die Menschen früherer Jahrhunderte verfügten. Dazu kommt, daß sich beide – Arbeitsteilung und Arbeitsproduktivität – nicht unverbunden nebeneinander entwickelten, sondern sich – wie noch zu zeigen sein wird – gegenseitig bedingten.

Zwar ist es unbestritten, daß die wichtigsten Veränderungen sowohl im Ausmaß der Arbeitsteilung als auch in der Arbeitsproduktivität erst in den letzten zwei Jahrhunderten stattgefunden haben; dennoch scheint es lohnenswert, auch die früheren Jahrhunderte unter diesen Aspekten zu befragen. Nur so kann gezeigt werden, wie „revolutionierend" die sog. Industrielle Revolution war und in welchem Ausmaß sie auf Veränderungen früherer Jahrhunderte basierte. Bevor jedoch im ersten Hauptabschnitt des Buches der Frage nachgegangen wird, ob Arbeitsteilung und Arbeitsproduktivität der deutschen Wirtschaft speziell im 16. Jahrhundert zunahmen, stagnierten oder vielleicht sogar abnahmen, ist es notwendig, neben dem vorgegebenen zeitlichen Rahmen, 1470 bis 1620, vor allem auch den räumlichen Rahmen abzugrenzen.

Untersuchungsraum Deutschland

An sich läge es nahe, das frühere Heilige Römische Reich deutscher Nation zum Gegenstand der Untersuchung zu machen; allerdings sind gerade in den letzten Jahren einzelne Teile des Reiches wie etwa die spätere Schweiz, inzwischen aber auch das heutige ebenso wie das habsburgische Österreich eigens und getrennt vom restlichen Deutschland behandelt worden. Wie schwierig es ist, das Adjektiv „deutsch" auf einen klar abzugrenzenden geographischen Raum zu übertragen, hat vor kurzem van Houtte in einer Besprechung des „Handbuches der deutschen Wirtschafts- und Sozialgeschichte" gezeigt [82: VAN HOUTTE, Instrument der Forschung, 516]. Jeder Versuch in dieser Richtung wäre einer gewissen Willkür unterworfen, und auch die hier vorgenommene Entscheidung ist letztlich eine willkürliche. Sie trägt – allerdings völlig wertfrei aus rein pragmatischen und keinerlei anderen Gründen – der Tatsache der heutigen Eigenstaatlichkeit der Schweiz, Österreichs, der Tschechoslowakei und Polens Rechnung und legt daher ihren Schwerpunkt auf das Gebiet der beiden deutschen, inzwischen wieder vereinten Staaten.

B. Bevölkerungsdichte und Urbanisierung

1. Bevölkerungswachstum, Urbanisierung und Marktwirtschaft bis zum 15. Jahrhundert

Umfang, Dichte und räumliche Verteilung der Bevölkerung

Eine wesentliche Grundlage für die wirtschaftliche Entwicklung einer Region stellen Umfang und räumliche Verteilung der Bevölkerung dar. Diese konnten, mußten sich aber nicht gegenseitig bedingen. Zwar waren punktuelle Verdichtungen der Bevölkerung in Form größerer Siedlungen auch bei relativ geringer Gesamteinwohnerzahl möglich, doch stellten sie sich in der Regel erst dann ein, wenn die Bevölkerung über eine bestimmte Größe hinaus anwuchs, d.h. eine bestimmte Dichte erreicht hatte. Diese Dichte kann man nicht auf eine für alle Regionen gleiche Einwohnerzahl pro Flächeneinheit festlegen, sie war vielmehr in hohem Maße von den natürlichen Voraussetzungen der betreffenden Region abhängig und daher von Region zu Region verschieden. Mit anderen Worten, die Bevölkerung konnte durchaus eine Zeit lang wachsen, ohne daß notwendigerweise größere Siedlungen entstanden, da noch genügend Raum für eine relativ gleichmäßige, flächendeckende Verteilung kleinerer Orte vorhanden war.

Geringe Bevölkerungsdichte, wenig Arbeitsteilung und niedrige Produktivität im Frühmittelalter

Ein solcher Zustand war in Deutschland im ganzen Frühmittelalter und bis herauf ins 11./12. Jahrhundert gegeben. Er war gekennzeichnet durch eine fast ausschließlich ländliche Struktur mit nur wenigen Städten oder stadtähnlichen Siedlungen. Dementsprechend gering entwickelt waren die Marktbeziehungen und, da die bäuerlichen Haushalte den größten Teil ihrer eigenen und der Bedürfnisse ihrer Grundherren selbst deckten, auch der allgemeine Grad der Arbeitsteilung. Eine derartige Bevölkerungs- und Wirtschaftsstruktur bot wenig Anreiz für eine Steigerung der Arbeitsproduktivität, da bei weitgehender Selbstversorgung ein genügend aufnahmefähiger Markt fehlte, und zwar sowohl für landwirtschaftliche als auch für gewerbliche Produkte.

Zunahme der Bevölkerungsdichte und Entstehung zahlreicher Städte im Hochmittelalter

Da die Bevölkerung weiter zunahm, kam es noch im 12. Jahrhundert zu einem ersten grundlegenden Strukturwandel. Zwar schritten der Landesausbau und damit die Verbreitung der Bevölkerung über das ganze Land weiter fort, parallel dazu kam es jedoch zu punktuellen Verdichtungen in Form von nichtlandwirtschaftlichen Siedlungen, die einen zunehmenden Teil der wachsenden Bevölkerung aufnahmen und sich auf diese Weise zu Städten unterschiedlicher Größe entwickelten. In diesem ersten Urbanisierungsschub, der zweifellos mit der gestiegenen Bevölkerungsdichte zusammenhing, entstand bis in die zweite Hälfte des 14. Jahrhunderts eine Vielzahl neuer Städte; dann aber flachte er – was die Entstehung neuer Städte betrifft – infolge der enormen Bevölkerungsverluste durch die Pest von 1348/50 ab und erhielt erst vom späten 18. Jahrhundert an wieder neue Impulse [vgl. Skizze in 75: HENNING, Landwirtschaft, 14]. Allerdings blieben die Landwirtschaft und das ländliche Leben trotz dieser ersten Urbanisierungswelle noch immer vorherrschend, da die städtische Bevölkerung nur etwa 10 bis 20% der Gesamtbevölkerung ausmachte.

Steigerung der landwirtschaftlichen Arbeitsproduktivität als Voraussetzung für Urbanisierung

Mit der Urbanisierung zwischen dem 12. und 14. Jahrhundert veränderten sich aber auch der Grad der Arbeitsteilung und die Höhe der Arbeitsproduktivität in der deutschen Wirtschaft, wobei sich alle drei Erscheinungen gegenseitig bedingten, so daß es nahezu unmöglich ist, Ursachen und Wirkungen exakt auseinanderzuhalten. Zunächst einmal mußte es, um Urbanisierung überhaupt zu ermöglichen, eine Steigerung der Arbeitsproduktivität in der Landwirtschaft geben, da die städtische Bevölkerung von den auf dem Land Verbleibenden miternährt werden mußte. Es ist bekannt, daß die landwirtschaftliche Arbeits- und Flächenproduktivität mittels verschiedener Verbesserungen in der Bewirtschaftung des Bodens, insbesondere wohl mit dem Übergang von der Zwei- zur Dreifelderwirtschaft, die im Idealfall eine Ertragssteigerung um ein Drittel zur Folge hatte, im Hochmittelalter tatsächlich erhöht wurde.

Städtische Märkte als Anreiz für landwirtschaftliche Überschüsse

Umgekehrt schufen die aufkommenden Städte erst den Markt für landwirtschaftliche Produkte, der es für die Bauern lohnend erscheinen ließ, mittels Produktivitätssteigerung Überschüsse zu erzielen. Und deren Verkauf auf den städtischen Märkten wiederum verlieh den Bauern die Kaufkraft, die sie in die Lage versetzte, auf denselben Märkten gewerbliche Produkte zu erwerben, was in erheblichem Ausmaß zu einer ersten Intensivierung der Marktbeziehungen beitrug.

Ländliche Kaufkraft und Urbanisierung als Anreiz für zunehmende Arbeitsteilung

Die Kaufkraft der Bauern war ein wichtiger, wenn auch nicht der einzige Anreiz, sich auf die Herstellung gewerblicher Produkte zu spezialisieren. Schon die Konzentration der Bevölkerung in den Städten bot dafür wesentlich größere Chancen, als es in einer weitgehend städtelosen Wirtschaft gegeben hätte, wo eine derartige Spezialisierung wegen der Entfernungen zwischen den Produzenten und den über das Land verstreuten Konsumenten unrentabel gewesen wäre. Erst als die Bevölkerung entsprechend zunahm, womit eine Urbanisierung einherging, lohnte es sich, ein bestimmtes Gewerbe allein auszuüben; dies erhöhte den Grad der gesellschaftlichen Arbeitsteilung: Urbanisierung wird auf diese Weise zum Gradmesser der Arbeitsteilung, Handel und Gewerbe nahmen im Vergleich zur frühmittelalterlichen, weitgehend städtelosen Gesellschaft an Umfang deutlich zu. Darüber hinaus kann angenommen werden, daß die Spezialisierung oder Beschränkung auf ein Handwerk auch zur Vervollkommnung der Herstellungsmethoden und der Fertigkeit des Produzenten beitrugen; dies konnte sich in einer höheren Arbeitsproduktivität auch im Gewerbe auswirken. Hand in Hand mit der Urbanisierung stiegen daher nicht nur der Grad der Arbeitsteilung, sondern ebensosehr die sowohl landwirtschaftliche als auch gewerbliche Arbeitsproduktivität.

Bevölkerungsrückgang und Stagnation der wirtschaftlichen Entwicklung im Spätmittelalter

Diese Entwicklung hatte sich seit dem 12. Jahrhundert sichtbar beschleunigt; wie bereits angedeutet, verlangsamte sie sich in der zweiten Hälfte des 14. Jahrhunderts. Die Bevölkerung ging drastisch zurück und erreichte erst im Laufe des 16. Jahrhunderts wieder den Stand, den sie vor der großen Pest gehabt hatte. Es entstanden nur wenige neue Städte, und auch die Bevölkerung der bestehenden Städte wuchs insgesamt – unbeschadet der zum Teil unterschiedlichen Entwicklung einzelner Städte – nur geringfügig an. Im folgenden gilt es jedoch zu untersuchen, wie sich Bevölkerungsdichte und Urbanisierung speziell zwischen dem späten 15. und dem beginnenden 17. Jahrhundert gestalteten.

2. Bevölkerungswachstum und Urbanisierung im 16. Jahrhundert

Neuerliche Bevölkerungszunahme im 16. Jahrhundert

Die Bevölkerungszahl begann – wie bereits angedeutet – noch im 15. Jahrhundert wieder zu wachsen. Dieser Prozeß beschleunigte sich im 16. Jahrhundert; mit dem Ausbruch des Dreißigjährigen Krieges wurde er erneut unterbrochen. Wie stark die Bevölkerung aber zwischen dem späten 15. und dem frühen 17. Jahrhundert tatsächlich zunahm, läßt sich mit letzter Sicherheit noch nicht sagen; die Angaben dazu klaffen zum Teil erheblich auseinander. Dies ist letztlich auf die unzureichende Quellenlage zurückzuführen. Ältere Schätzungen sprechen von 9 bis 10 oder von 12 Millionen Menschen am Ende des 15. Jahrhunderts und von etwa 15 bis 17 Millionen um 1618 [u.a. 74: HENNING, Vorindustrielles Deutschland, 182; 104: KELLENBENZ, Wirtschaftsgeschichte, 216; 216: WEHLER, Gesellschaftsgeschichte, 69], während nach einer jüngst vorgebrachten Annahme die Bevölkerung in Deutschland zwischen 1500 und 1600 lediglich von etwa 10,5 auf 12,5 Millionen zugenommen hätte [10: BAIROCH/BATOU/CHEVRE, Population, 297]. Wie dem auch sei, Tatsache bleibt, daß mit der Bevölkerungszunahme auch die Bevölkerungsdichte wieder anstieg [laut 75: HENNING, Landwirtschaft, 183, von 16 bis 18 auf 28 bis 30 Einwohner pro Quadratkilometer].

Bevölkerungsdichte des 14. Jahrhunderts wieder erreicht und überschritten

Damit erreichte die Einwohnerzahl Deutschlands sowohl nach den älteren als auch nach den jüngeren Schätzungen im Laufe des 16. Jahrhunderts wieder den Stand von vor der großen Pest. Allzu große Veränderungen waren daher im wirtschaftlichen Bereich – zumindest sofern sie durch die Bevölkerungsdichte bedingt waren – gegenüber dem späten 13. und frühen 14. Jahrhundert nicht zu erwarten. Allerdings mußte sich die Bevölkerungsbewegung keineswegs gleichmäßig auf Stadt und Land verteilen, und tatsächlich nimmt man an, daß sowohl die Abnahme wie auch die spätere Zunahme auf dem Land zunächst stärker ausfielen als in der Stadt [10: BAIROCH/BATOU/CHEVRE, Population, 259].

Nur geringfügige Zunahme des Urbanisierungsgrades im 16. Jahrhundert

Für den Urbanisierungsgrad der deutschen Bevölkerung hätte dies bedeutet, daß er nach der Pest zuerst angestiegen und dann wieder gefallen wäre. Folgt man den jüngst veröffentlichten Zahlen, hätte der Urbanisierungsgrad in Deutschland – gemessen an Siedlungen mit 5000 und mehr Einwohnern – zwischen 1300 und 1400 von 7,9 auf 11,1% zugenommen, um dann bis um 1500 wieder auf etwa 8,2% zu fallen. In der Folge jedoch, also im hier vor allem interessierenden 16. Jahrhundert, wäre die städtische Bevölkerung etwas schneller gewachsen als die ländliche, so daß bis 1600 ein Urbanisierungsgrad von etwa 8,5% erreicht worden wäre [10: BAIROCH/BATOU/CHEVRE, Population, 259]. Demnach würden diese in einem hohem Maße auf Schätzungen beruhenden Berechnungen bedeuten, daß sich auch der Urbanisierungsgrad der deutschen Wirtschaft – nach dem oben Gesagten ein wesentlicher Gradmesser für Arbeitsteilung und Arbeitsproduktivität – bis um 1600 gegenüber dem im Spätmittelalter erreichten Stand nur unwesentlich verändert hätte.

Wenige neue Städte

Dieses Ergebnis stimmt mit der weiter oben getroffenen Feststellung überein, daß im 16. Jahrhundert kaum neue Städte zu den bereits bestehenden hinzukamen, und legt gleichzeitig den Schluß nahe, daß die Einwohnerzahlen der Städte insgesamt ebenfalls nur geringfügig zunahmen. Spätestens hier jedoch gilt es, stärker zu differenzieren und zumindest auf die neuen und die größeren unter den deutschen Städten einen kurzen Blick zu werfen.

An neuen Städten lassen sich seit dem späten 15. Jahrhundert vor allem sog. Bergbaustädte in den aufstrebenden Montangebieten speziell im Harz und im Erzgebirge beobachten, gegen Ende des 16. Jahrhunderts dann auch Städte, die aus der Neuansiedlung von Glaubensflüchtlingen entstanden. Allerdings wuchsen die meisten etwa von den sächsischen Bergstädten aus bereits bestehenden ländlichen Siedlungen heraus. Ihren Höhepunkt erreichten sie parallel zur höchsten Blüte des Bergbaus um 1550, als Freiberg bis zu 15000 und auch Annaberg und Marienberg mehrere tausend Einwohner zählten, ein Stand, den sie in der Folge, als der Bergbau einen Rückgang erlebte, nicht zu halten vermochten [42: DIETRICH, Städtewesen, 199f; 22: BLASCHKE, Entwicklungstendenzen, 248].

Rascheres Wachstum der größeren als der kleineren Städte

Für den wenn auch langsamen Prozeß der Urbanisierung hatte das Wachstum bereits bestehender Städte größere Bedeutung als die nur vereinzelte Entstehung von neuen Städten. Allerdings weichen die für die einzelnen Städte angeführten Zahlen trotz der umfangreichen Forschungen, die inzwischen angestellt wurden, zum Teil noch immer ganz erheblich voneinander ab [vgl. 214: DE VRIES, Urbanization, und 10: BAIROCH/BATOU/CHEVRE, Population].

Auf jeden Fall aber zeichnet sich ab, daß die größeren Städte rascher wuchsen als die kleineren. Während die gesamte städtische Bevölkerung im oben definierten Sinn zwischen 1500 und 1600 um rund 23% wuchs, nahm sie in den Städten, die zu Beginn oder am Ende des Jahrhunderts mindestens 10000 Einwohner zählten, um etwa 27% zu [errechnet aus 10: BAIROCH/BATOU/CHEVRE, Population, 4–9].

Unterschiedliche Entwicklung auch der größeren Städte

Die Entwicklung dieser 37 größten deutschen Städte verlief keinesfalls gleichförmig: 26 Städten, die in diesem Zeitraum einen Zuwachs an Einwohnern erlebten, standen neun Städte gegenüber, deren Bevölkerung abnahm, und zwei, deren Einwohnerzahl etwa gleichblieb. Am spektakulärsten war die Zunahme in Hamburg und Augsburg, deren Einwohnerzahl auf 40000 und mehr anstieg; damit schlossen sie zu den Städten Köln und Nürnberg auf, die eine vergleichbare Größe bereits ein Jahrhundert zuvor erreicht hatten. Mit deutlichem Abstand folgten Städte wie Aachen, Bremen, Lübeck, Magdeburg, Frankfurt/Main, Erfurt, Leipzig, Regensburg, München und Ulm, die um 1600 bei rund 20000 Einwohnern hielten [10: BAIROCH/BATOU/CHEVRE, Population, 4–9; eher unglaubwürdig ist dagegen die auf 174: SCHMOLLER, Städtewesen, 94, zurückgehende und von de Vries wie von Bairoch übernommene Schätzung, nach der auch die Einwohnerzahl Magdeburgs im 16. Jahrhundert auf rund 40000 angestiegen, im Dreißigjährigen Krieg als Folge der Stadtzerstörung auf nur noch 1000 bis 2000 zurückgegangen sei und erst um die Mitte des 19. Jahrhunderts wieder 40000 erreicht haben soll; wahrscheinlicher ist dagegen die jüngst in 66: Handbuch der historischen Stätten, 11. Bd., 306, angeführte Zahl von rund 20000 Einwohnern].

Langsamer, aber breiter Urbanisierungsprozeß

Es fällt auf – und dies ist für unsere Fragestellung von besonderer Bedeutung –, daß sich städtisches Wachstum im Deutschland des 16. Jahrhunderts keinesfalls nur auf eine einzige Metropole konzentrierte, sondern auf eine Vielzahl von Städten verteilte; insgesamt gab es in Deutschland knapp 100 Städte, die im Laufe des 16. Jahrhunderts mindestens 5000 Einwohner zählten. Für die wirtschaftliche Entwicklung bedeutete dies, daß positive Impulse, die von den Städten auf den Grad der Arbeitsteilung und die Arbeitsproduktivität ausgehen konnten, nicht – wie es in vielen außereuropäischen Ländern der Gegenwart der Fall ist – auf einige wenige Zentren beschränkt blieben, sondern breiten Teilen der Bevölkerung zugute kamen.

Geringere Bevölkerungsdichte und niedrigerer Urbanisierungsgrad im östlichen Deutschland

Allerdings ist in diesem Zusammenhang bereits hier festzuhalten, daß im östlichen Deutschland, d. h. in den Gebieten östlich der Elbe, sowohl die Bevölkerungsdichte als auch der Urbanisierungsgrad deutlich weniger weit fortgeschritten waren als im Westen. Nur sieben von den erwähnten 37 Städten mit mindestens 10000 Einwohnern lagen um 1600 östlich der Elbe, und ihre Bevölkerung machte nur etwa 15% der Einwohner dieser größten deutschen Städte aus; dies steht wohl in ursächlichem Zusammenhang mit der um etwa ein Drittel geringeren Bevölkerungsdichte [10: BAIROCH/BATOU/CHEVRE, Population, 4–9; 75: HENNING, Landwirtschaft, 25].

Trotz der regionalen Unterschiede zwischen Ost und West bleibt zusammenfassend festzuhalten, daß die Bevölkerungsdichte und der Urbanisierungsgrad bis zum Beginn des 17. Jahrhunderts über das bereits vor der großen Pest erreichte Niveau hinaus zunahmen, wenn auch in noch bescheidenem Ausmaß. Tendenziell hatte dies zur Folge, daß auch der Grad der Arbeitsteilung und die Arbeitsproduktivität anstiegen. Es wird daher im folgenden zu untersuchen sein, ob und inwiefern sich die deutsche Wirtschaft tatsächlich in diese Richtung veränderte.

C. Produktivität und Arbeitsteilung auf dem Land

Notwendigkeit ausreichender Versorgung mit Nahrungsmitteln

Die zentrale Herausforderung, die sich nicht nur in Deutschland seit dem späten 15. Jahrhundert stellte, war eine ausreichende Versorgung der wachsenden Bevölkerung mit Nahrungsmitteln. Denn die aus dem Mittelalter bekannte Methode, die Nahrungsmittelproduktion mittels weiterer Urbarmachung bis dahin ungenutzten Landes auszudehnen, mußte früher oder später an natürliche Grenzen stoßen. Rückblickend gesehen, hätten sich in Deutschland jedoch solche Grenzen vorerst noch nicht zeigen dürfen, da vor der Mitte des 14. Jahrhunderts auf demselben Territorium bereits eine größere Zahl von Menschen ernährt worden war. Versorgungsengpässe hätten demnach erst in der zweiten Hälfte des 16. Jahrhunderts auftreten dürfen, als die Bevölkerung über das bereits zwei Jahrhunderte zuvor erreichte Niveau hinaus weiter anwuchs. Wieso die ausreichende Versorgung der Bevölkerung mit Nahrungsmitteln dennoch zum Problem wurde, wie die Deutschen mit der Herausforderung fertig wurden und in welchem Ausmaß dadurch auch die Arbeitsproduktivität und der Grad der Arbeitsteilung beeinflußt wurden, soll im folgenden zu zeigen versucht werden.

1. Ausweitung der Anbaufläche

Wiederbebauung wüst gewordenen und Kultivierung neuen Ackerlandes

Zunächst einmal lag es nahe, die im Spätmittelalter infolge des Bevölkerungsrückgangs aufgelassenen Kulturflächen, die sog. Wüstungen, erneut zu kultivieren und zu bebauen. Allerdings war eine vollständige Rekultivierung wüst gewordener Flächen nicht immer möglich, da sie zum Teil inzwischen von neuem mit Hochwald bedeckt oder aber zu anderen Zwecken als zum Ackerbau umgewidmet worden waren. Jedenfalls zeigt sich, daß eine Reihe früherer Orte samt den zugehörigen Kulturflächen nicht mehr reaktiviert wurden und sich die wachsende Bevölkerung statt dessen eher in den bestehenden Siedlungen niederließ [2: Abel, Geschichte, 161 f.].

Wenn jedoch nicht alle wüst gewordenen Flächen wieder bebaut wurden, kann dies nur heißen, daß der Ackerbau auf bis dahin noch ungenutztes Neuland ausgedehnt oder daß versucht wurde, die vorhandenen Felder intensiver zu bewirtschaften, und daß auf diese Weise zumindest langfristig die Versorgung mit Grundnahrungsmitteln sichergestellt wurde. Beides war der Fall, wenn auch regional in unterschiedlichem Ausmaß.

Grenzen der Neulandgewinnung

Wie schon im Hochmittelalter wurde versucht, die Anbaufläche zu erweitern, indem noch bestehende Wälder gerodet, Sümpfe trockengelegt und Deiche etwa an der Nordsee errichtet wurden; das stieß allerdings bereits im 16. Jahrhundert auf gewisse Grenzen. Nicht nur, daß immer mehr auch Böden mit geringerem Ertrag unter den Pflug genommen wurden, auch der weiteren Waldrodung wurde in verschiedenen obrigkeitlichen Verordnungen Einhalt geboten, galt es doch, den Wald als Reservoir für Brenn-, Nutz- und Bauholz ebenso zu erhalten wie als Weide und als Jagdgebiet für den Adel. [Zur grundlegenden Bedeutung der Waldordnungen gerade des 16. Jahrhunderts für die Erhaltung des Waldbestandes in Deutschland vgl. 140: MANTEL, Forstgeschichte.] Daß die weitere Erschließung von Ackerland im weniger dicht besiedelten Osten Deutschlands größere Ausmaße annahm als im Westen, versteht sich ohnehin fast von selbst. Man hat in diesem Zusammenhang von einer zweiten Welle der Landerschließung in Ostdeutschland gesprochen, die allerdings nicht als planmäßige Aktion, sondern vielmehr als Summe vieler Einzelbewegungen zu verstehen ist [3: ABEL, Agrarkrisen, 110].

Ausweitung des Ackerlandes ohne wesentlichen Einfluß auf Arbeitsproduktivität und Arbeitsteilung

Eine bloße Ausweitung des Ackerlandes dürfte jedoch, solange sie in etwa im Ausmaß der Bevölkerungszunahme erfolgte, weder die Arbeitsproduktivität noch die Arbeitsteilung wesentlich beeinflußt haben. Solange genügend bebaubares Land vorhanden war, gab es wenig Veranlassung, von den traditionellen Produktionsmethoden abzurücken oder eine andere als die bis dahin übliche Aufteilung der gesellschaftlich notwendigen Arbeit vorzunehmen.

2. Intensivierung der Bodennutzung

Intensivierung der Bodennutzung

Neben den Versuchen, durch Ausweitung der Anbauflächen die wachsende Bevölkerung zu ernähren, fehlte es allerdings nicht an Ansätzen, die Bodenbebauung auf den bereits vorhandenen Flächen zu intensivieren, um auf diese Weise die Flächenerträge zu steigern. Dabei ging es allerdings noch weniger um eine Erhöhung der Hektarerträge als solche, sondern eher um die Frage, wie die im Rahmen der allgemein üblichen Dreifelderwirtschaft notwendige Brache, die bei diesem System jeweils etwa ein Drittel des bebaubaren Bodens beanspruchte, reduziert und ebenfalls mit Feldfrüchten bebaut werden konnte, wie es ja dann später seit dem 18./19. Jahrhundert in großem Stil der Fall war.

Theoretische Überlegungen zur Ertragssteigerung

Und wie in dieser späteren Phase der wirtschaftsgeschichtlichen Entwicklung entstand auch schon im 16. Jahrhundert eine Reihe von Schriften, die sich mit Möglichkeiten der Ertragssteigerung auseinandersetzten und sie den Bauern nahelegten. Sei es, daß es sich bei der sog. Hausväterliteratur um Übersetzungen wiederentdeckter antiker oder zeitgenössischer französischer und italienischer Schriftsteller handelte, sei es, daß sich deutsche Autoren um eigenständige Überlegungen bemühten, sie alle befaßten sich neben anderen Lebensbereichen gerade auch mit Jagd- und Forstwirtschaft, mit Fragen des Ackerbaus und der Viehzucht, und sie enthielten wiederholte Mahnungen, tiefer zu pflügen, reichlicher zu düngen und besser auf die verschiedenen Bedürfnisse der Anbaupflanzen zu achten [3: ABEL, Agrarkrisen, 111].

Grenzen der Ertragssteigerung

Allerdings hatten diese Mahnungen und Anleitungen zu einer ertragreicheren Landwirtschaft noch keinen durchschlagenden Erfolg. Zwar sind für einige Landschaften Deutschlands derartige Verbesserungen überliefert, allgemein jedoch setzten sie sich noch nicht durch. Die Auswirkungen des seit langem bestehenden Mangels an ausreichendem Dünger, durch den während der ganzen vorindustriellen Zeit höhere Flächenerträge verhindert wurden, wurden durch die allgemeine Bevölkerungszunahme noch weiter verschärft, denn notgedrungen führte die Ausweitung der Anbauflächen zu einer Verkleinerung der Weideflächen, und es gab weniger Vieh und damit einen geringeren Anfall an natürlichem Dünger.

Aus demselben Grund und in Ermangelung alternativer Futtermittel war auch die Viehhaltung in Ställen nur beschränkt möglich, so daß auch aus dieser Richtung keine entscheidende Vermehrung des Stalldungs zu erwarten war. Darüber hinaus erwiesen sich die gemeinderechtlichen Bestimmungen des Flurzwangs und des Weiderechtes und wohl auch das Beharrungsvermögen traditioneller Produktionsformen unter der ländlichen Bevölkerung als Hemmnis für eine tiefergreifende Umgestaltung der landwirtschaftlichen Produktionsverhältnisse [75: HENNING, Landwirtschaft, 196].

Ansätze zur Überwindung der Dreifelderwirtschaft

Zu den Regionen, in denen man dennoch zu fortschrittlicheren Methoden überging, zählten etwa die Rheinlande, wo man zum Teil von der Dreifelder- zur Fruchtwechselwirtschaft überging, indem man dem Boden mehr Dünger zuführte und neben den herkömmlichen Getreidesorten auch verstärkt diverse Blattfrüchte, darunter auch Futterpflanzen, anbaute. Weiter nördlich, speziell in Schleswig-Holstein, war die sog. Koppelwirtschaft weit verbreitet, bei der mehrere Getreidejahre mit mehreren Weidejahren abwechselten, mit dem Ergebnis, daß dem Boden mehr Dünger als sonst zugeführt und auf diese Weise auch eine höhere Getreideproduktion erzielt wurde. Ein tendenzielles Zurückdrängen der Brache läßt sich auch im Osten, in Mecklenburg, Pommern, Brandenburg und Sachsen beobachten, wo an die Stelle der Drei- vielfach eine Vier- bis Fünffelderwirtschaft trat [179: SCHRÖDER-LEMBKE, Entstehung, 126ff.]. Alles in allem jedoch blieb die Dreifelderwirtschaft im Deutschland des 16. Jahrhunderts die vorherrschende Form der Bodennutzung, so daß letztlich der Ausweitung der landwirtschaftlichen Nutzfläche für die Ernährung der wachsenden Bevölkerung weit größere Bedeutung zugekommen sein dürfte als einer gelegentlich zu beobachtenden Intensivierung der Bodennutzung. „Der landwirtschaftliche ‚Fortschritt' der Zeit war flächensüchtig, nicht flächensparend." [1: ABEL, Entwicklung des Sozialproduktes, 465].

Insgesamt nur geringfügige Veränderung der landwirtschaftlichen Produktivität

Damit hielten sich aber auch Veränderungen in der Arbeitsproduktivität und in der Arbeitsteilung in engen Grenzen. Sofern die Bebauung der Brache einen Mehraufwand an Arbeit zur Folge hatte, führte dieser nur dort zu einer Steigerung der landwirtschaftlichen Pro-Kopf-Produktion, wo keine zusätzlichen Arbeitskräfte eingesetzt wurden. Wo jedoch die Mehrarbeit von der wachsenden Bevölkerung geleistet wurde, stieg die Arbeitsproduktivität nicht an. Und da es sich bei der Mehrarbeit nach wie vor um landwirtschaftliche, der Befriedigung des menschlichen Grundbedürfnisses nach Nahrung dienende Tätigkeiten handelte, wird sich auch am Grad der Arbeitsteilung nur wenig verändert haben.

Die Erweiterung der Anbauflächen und die in manchen Landschaften erfolgte Intensivierung der Bodennutzung mochten daher zwar genügen, um in normalen, von Mißernten freien Jahren die wachsende Bevölkerung mit den wichtigsten Grundnahrungsmitteln zu versorgen, sie reichten jedoch bei weitem nicht aus, eine grundlegende Umschichtung der Berufsstruktur von einer mehrheitlich agrarisch zu einer mehrheitlich nichtagrarisch geprägten Erwerbstätigkeit zu erlauben. Trotz aller Verbesserungen läßt sich daher zur Frage der landwirtschaftlichen Produktivität festhalten, daß sie sich insgesamt im 16. Jahrhundert gegenüber früher nur unwesentlich veränderte und eher von Stagnation als von Fortschritt gekennzeichnet war [vgl. auch 4: ABEL, Landwirtschaft, 405].

3. Anstieg der Getreidepreise

Anstieg der Getreidepreise

Außerdem hinkte die nur langsame Zunahme der landwirtschaftlichen Produktion ständig hinter dem Wachstum der Bevölkerung her, so daß in der ganzen Zeit die Nachfrage nach Nahrungsmitteln das Angebot übertraf; dies führte zu einem langfristigen Anstieg der Getreidepreise, der während des 16. Jahrhunderts durchschnittlich etwa 1,5% pro Jahr ausmachte [4: ABEL, Landwirtschaft, 397]. Damit stiegen die Getreidepreise rascher als alle anderen Preise und boten so für die Bauern einen Produktionsanreiz, der wohl als Hauptgrund für die Produktions- und die allenthalben zu beobachtende, wenn auch bescheidene Produktivitätssteigerung anzusehen ist.

In detaillierten Untersuchungen ist gezeigt worden, daß die Getreidepreise gerade dort am höchsten waren, wo die Verstädterung am weitesten fortgeschritten war: Hier trafen sich offenbar eine erhöhte Marktnachfrage mit einem nur beschränkten Angebot aus der näheren Umgebung, was die Preise ungleich stärker ansteigen ließ als etwa in Regionen, in denen ein geringerer Urbanisierungsgrad mit weiten Flächen landwirtschaftlicher Nutzung einherging.

Getreidehandel von Ost- nach Westeuropa

Bereits seit dem Spätmittelalter zeichnete sich innerhalb Europas ein West-Ost-Gefälle ab, indem die stark urbanisierte Nordwestecke des Kontinents, mit Ausläufern nach Skandinavien einerseits und zur Iberischen Halbinsel andererseits, in zunehmendem Maß aus dem östlichen Europa, und zwar vorwiegend mit Roggen, versorgt wurde. An diesem weit gespannten Handel, der zum größten Teil über die Ost- und die Nordsee abgewickelt wurde, war Deutschland in doppelter Hinsicht beteiligt: zum einen als Vermittler – darauf wird später zurückzukommen sein –, zum anderen als Produzent, indem speziell auch die fruchtbaren und nur wenig urbanisierten Gebiete östlich der Elbe als Getreidelieferanten für Nordwesteuropa in Erscheinung traten.

4. Gutswirtschaft und Gutsherrschaft im Osten

Entstehung und Verbreitung der Gutswirtschaft im Osten

Durch die überaus starke Nachfrage nach Getreide aus dem Osten entstanden in der Landwirtschaft des östlichen Deutschlands Strukturen, die sich in der Folge grundlegend von denen im Westen unterschieden. Gemeint sind Gutswirtschaft und Gutsherrschaft. Sie waren westlich der Elbe weniger häufig, im Osten wurden sie dagegen zur vorherrschenden landwirtschaftlichen Betriebsform. Schon vor dem 16. Jahrhundert hatten die Grundherren im Osten im Rahmen ihrer Grundherrschaft mehr Eigenwirtschaft betrieben als im Westen, und dadurch waren großflächige, ritterliche Gutswirtschaften entstanden, auf denen Getreide für den Export produziert werden konnte. Im Westen dagegen war die Eigenwirtschaft der Grundherren in ihrer Bedeutung hinter die der bäuerlichen Abgaben und Dienste zurückgetreten, die Grundherrschaften selbst waren zersplitterter und die einzelnen Höfe im Durchschnitt kleiner, und die Belieferung der zahlreicheren Städte beanspruchte die über den Eigenbedarf von Bauern und Grundherrn hinausgehende Produktion in einem Maße, daß für größere Exporte nur wenig übrigblieb. Dazu kam, daß die Vielstaatlichkeit des westlichen Deutschlands dem Adel an den fürstlichen Höfen, in den Heeren und in der Verwaltung durchaus standesgemäße Einkommen ermöglichte, während im Osten Einkünfte, die mit den Exporterlösen hätten konkurrieren können, in weit geringerem Ausmaß vorhanden waren.

Fortbestand der traditionellen Grundherrschaft im Westen

Um von der steigenden Exportnachfrage profitieren zu können, suchten die ostelbischen Gutsherren ihre Eigenwirtschaft auszuweiten. Neben der Möglichkeit der Neulandgewinnung durch Rodung wurden frei werdende bäuerliche Höfe – zum Teil schon während der Wüstungsperiode des Spätmittelalters – nicht mehr weiterverliehen, sondern der Eigenwirtschaft angeschlossen. In weiterer Folge wurde in ähnlicher Weise mit Teilen der Allmende und mit verschuldetem Bauernland verfahren, und schließlich ging man im Laufe des 16. Jahrhunderts, insbesondere in der zweiten Hälfte, immer mehr auch zur gewaltsamen Vertreibung der Bauern, dem sog. Bauernlegen, über [146: MOTTEK, Wirtschaftsgeschichte, 338 f.].

Ausweitung der adeligen Eigenwirtschaften östlich der Elbe

Auf diese Weise verloren nicht nur viele ehemals relativ günstig gestellte und anfangs noch selbst am Exportgeschäft teilnehmende Bauern ihr Land, sondern auch die anderen Bauern wurden in ihrer sozialen Stellung zusehends zu leibeigenen oder untertänigen, an den Boden gebundenen Fronarbeitern herabgedrückt. Teils wurden sie von den Gutsherren dazu gezwungen, teils hatten sie mangels anderer Beschäftigungsmöglichkeiten keine andere Wahl, als sich in den Dienst der Gutsherren zu stellen. Diese wiederum hatten vor allem deswegen die Möglichkeit, derart gegen die Bauern vorzugehen, weil ihnen die zum Teil auch höhere Gerichtsbarkeit zustand. So verfügten sie über außerökonomische Macht, die den Grundherren im Westen fehlte. Außerdem stießen sie bei ihren Landesherren, die sich oft derselben Praktiken bedienten, auf nur wenig Widerstand, während im Westen die Bauern geschützt wurden. Grund-, Leib-

Verstärkte Abhängigkeit und Ausbeutung der ostelbischen Bauern

und Gerichtsherrschaft wurden im Westen meist von verschiedenen Personen wahrgenommen; im Osten waren sie in der Regel in einer Person vereint, was deren Machtfülle naturgemäß beträchtlich erhöhte und sie gewissermaßen zum Landesherrn im eigenen Dorf machte [51: ENNEN/JANSSEN, Agrargeschichte, 194]. Durch Bauernlegen und verstärkte Fronarbeit wurde so aus der Gutswirtschaft auch eine Gutsherrschaft, eine Entwicklung, die im Westen nicht zuletzt infolge wiederholten bäuerlichen Widerstandes, „der jeder Ausweitung der Frondienste mit Widersetzlichkeiten begegnete", verhindert wurde [25: BLICKLE, Unruhen, 88].

Keine wesentliche Steigerung der Produktivität in der Gutswirtschaft

Wenn somit die rechtliche und soziale Situation der Bauern im östlichen Deutschland durch die Entwicklung der Gutswirtschaft und der Gutsherrschaft zweifellos eine deutliche Verschlechterung erfuhr, ist im Zusammenhang dieser mehr wirtschaftsgeschichtlich orientierten Analyse zu fragen, was die Entwicklung für die hier im Vordergrund stehenden Parameter der Arbeitsteilung und der Produktivität bedeutete. Um mit letzterer zu beginnen, so konnte bereits gezeigt werden, daß die Getreideproduktion in erster Linie mittels extensiver Methoden gesteigert wurde, also durch Ausweitung des Ackerlandes. Sicher gab es – worauf weiter oben ebenfalls hingewiesen wurde – da und dort Ansätze zu einer intensiveren Bewirtschaftung des Bodens, indem man in manchen Regionen zur Vier- und Fünffelderwirtschaft überging, wenn auch insgesamt die Dreifelderwirtschaft vorherrschend blieb [104: KELLENBENZ, Wirtschaftsgeschichte, 238; 138: MAGER, Geschichte, 116]. Von einer grundlegenden, über das traditionelle Niveau deutlich hinausgehenden Steigerung der Produktivität kann demnach auch im Rahmen der exportorientierten Gutswirtschaft nicht gesprochen werden.

Nur schwache Impulse für Arbeitsteilung im Osten

Zur Frage der Arbeitsteilung ist festzuhalten, daß die aus extensiver wie intensiver Ausweitung der Exportproduktion resultierenden Einkommenszuwächse außer den Zwischenhändlern in erster Linie den Gutsherren zugute kamen. Dadurch wurde zwar deren Kaufkraft, nicht jedoch diejenige der bäuerlichen Massen gehoben, so daß Nachfrageimpulse für das städtische Gewerbe nur begrenzt wirksam werden konnten. Außerdem deckten die Gutsherren einen großen Teil ihrer Nachfrage nach gewerblichen Gütern aus dem Westen, also aus jenen Regionen, in die sie das Getreide exportierten [75: HENNING, Landwirtschaft, 196f.]. Die für die weitere Entwicklung eines Binnenmarktes und die Zunahme der Arbeitsteilung so wichtige Intensivierung des Warenaustausches zwischen Stadt und Land fand im östlichen Deutschland daher nicht oder nur in beschränktem Ausmaß statt. Sie wurde zusätzlich noch dadurch behindert, daß die Gutswirtschaften vielfach danach strebten, die Nachfrage nach nichtlandwirtschaftlichen Produkten und Dienstleistungen nach Möglichkeit selbst zu decken; dafür konnten sie auf das auf der Gutswirtschaft vorhandene Arbeitskräftepotential zurückgreifen [213: TREUE, Wirtschaft, 452]. Wenn daher durch die gesteigerte Getreideproduktion des östlichen Deutschlands andere Regionen in die Lage versetzt wurden, sich nichtlandwirtschaftlichen Tätigkeiten zuzuwenden, so waren diese nicht in den Städten Ostdeutschlands, sondern in den gewerblichen Zentren Nordwesteuropas zu suchen, für die das Getreide produziert wurde.

5. Ländliche Prosperität und Verarmung

Anreiz zu produktiverer Landwirtschaft durch städtische Nachfrage im Westen

Diese Zentren, die mit osteuropäischem Getreide versorgt wurden, lagen allerdings nur zum Teil im westlichen Deutschland. Der Bedarf der westdeutschen Städte an Nahrungsmitteln wurde im wesentlichen von den Bauern in ihrer näheren und weiteren Umgebung gedeckt, wobei das Ansteigen der Getreidepreise auch für diese einen Produktionsanreiz darstellen mußte. Dabei zeigte sich – keineswegs überraschend –, daß die Bauern in unmittelbarer Nähe der städtischen Verbraucherzentren am stärksten zu produktiveren Bewirtschaftungsmethoden angeregt wurden. Deshalb entfalteten sich intensivere Formen landwirtschaftlicher Produktion vor allem im Umkreis der größeren Städte und in Regionen mit hohem Urbanisierungsgrad.

und Norden Deutschlands

Von der Nachfrage der nordwesteuropäischen Städtelandschaft wiederum profitierten nicht nur die Gutswirtschaften des Ostens, sondern auch viele Bauern an den Küsten Niedersachsens und am Niederrhein. So entfaltete sich etwa in den Marschen der Nordseeküsten und in den graswüchsigen Ackerbauzonen um die Kieler Bucht neben einer gezielten Viehzucht und dem damit verbundenen Export von Lebendvieh auch eine intensive Meiereiwirtschaft, deren Produkte – vor allem Butter und Käse – in großen Mengen nach Amsterdam, Groningen, Hamburg, Bremen und weiter in das deutsche Binnenland hinein geliefert wurden; für Teile dieser Region wurde die Butter- und Käsebereitung zur Haupterwerbsquelle ihrer Bewohner [3: ABEL, Agrarkrisen, 118].

Im übrigen hing die Prosperität der Bauern in hohem Maße von der individuellen Ausstattung und Belastung ihrer Höfe ab. Betriebsgröße, Bodenertrag und der Anteil der vom Gesamtertrag an den Grundherrn, den Landesfürsten und andere abzuliefernde Abgaben bestimmten wesentlich den Umfang der etwa über die eigene Versorgung hinausgehenden Überschüsse, die auf dem Markt abgesetzt werden konnten [53: FREIBURG, Agrarkonjunktur, passim]. Nur den in dieser Hinsicht begünstigten Bauernwirtschaften, die über solche Überschüsse verfügten, kam der langfristige Anstieg der Getreidepreise zugute. Obwohl es größere landwirtschaftliche Betriebe überall in Deutschland gab, kann man Regionen erkennen, in denen sie sehr viel stärker als in anderen verbreitet waren. Dazu zählten neben den bereits erwähnten Gebieten östlich von Elbe und Saale auch Schleswig-Holstein, Niedersachsen und Westfalen sowie Bayern und Oberschwaben. Sie waren in der Regel auch mit den Regionen identisch, in denen das Anerbenrecht vorherrschte [4: ABEL, Landwirtschaft, 391, und 75: HENNING, Landwirtschaft, 207 f.].

Bauernhöfe mit Überschüssen für den Markt

Wo hingegen die landwirtschaftlichen Erträge im Normalfall gerade ausreichten, um den Eigenbedarf der bäuerlichen Haushalte zu decken, wirkten sich Preisschwankungen bei landwirtschaftlichen Produkten kaum auf das monetäre Einkommen aus; dieses konnte daher in der Regel nur aus zusätzlicher, nichtlandwirtschaftlicher Erwerbstätigkeit gewonnen werden. Besonders viele Höfe dieser Größenordnung gab es in den vorhin genannten Landschaften zwischen Schleswig-Holstein im Norden und Bayern im Süden; auch in anderen Teilen Deutschlands fehlten sie nicht [4: ABEL, Landwirtschaft, 391].

Bäuerliche Selbstversorger ohne erhebliche Marktproduktion

Zusätzliche Erwerbstätigkeit, die sogar zur Haupt-Erwerbstätigkeit werden konnte, war erst recht bei den noch ungünstiger ausgestatteten kleinbäuerlichen Haushalten notwendig, deren landwirtschaftliche Erträge zur eigenen Versorgung nicht ausreichten, so daß sie gezwungen waren, die fehlenden Nahrungsmittel zuzukaufen. Für sie bedeutete eine Steigerung des Getreidepreises einen realen Verlust an Einkommen, den sie nur durch zusätzliche Erwerbstätigkeit auszugleichen versuchen konnten. Solche bäuerlichen Kleinbetriebe waren vor allem am Ober- und Mittelrhein, im Neckargebiet und in der Pfalz sowie in Teilen Westfalens, Oberhessens und Unterfrankens entstanden, die im allgemeinen auch durch ein Überwiegen des Realteilungsrechtes gekennzeichnet waren [4: ABEL, Landwirtschaft, 391, und 75: HENNING, Landwirtschaft, 207 f.].

Von nicht-landwirtschaftlichen Einkommen abhängige bäuerliche Haushalte

Ähnlich ungleiche Auswirkungen wie die langfristige Steigerung der Getreidepreise hatten auch kurzfristige Preisschwankungen, wie

Unterschiedliche Auswirkungen kurzfristiger Preisschwankungen sie aufgrund wechselnder Ernteerträge, die ihrerseits wiederum in hohem Maße von den Witterungsverhältnissen der einzelnen Erntejahre abhingen, auch im 16. Jahrhundert wiederholt zu beobachten waren. Ob man davon profitierte oder darunter litt, richtete sich im wesentlichen nach der Menge marktfähiger Überschüsse.

Anstieg der Getreidepreise nicht identisch mit günstiger Agrarkonjunktur

Obwohl die Schärfe der Trennlinien zwischen den einzelnen Kategorien bäuerlicher Haushalte durch ihre gegenseitige Verflechtung und die weite Verbreitung der Natural- statt einer Geldentlohnung abgeschwächt wurde, ist festzuhalten, daß der langfristige Anstieg der Getreidepreise seit dem späten 15. Jahrhundert nicht einfach mit einer günstigen Agrarkonjunktur gleichgesetzt werden darf, die allen oder auch nur der Mehrheit der Bauern in gleichem Maß zugute gekommen wäre. Im Gegenteil, das Wachstum der Bevölkerung mußte, sofern man nicht auf bisher ungenutztes Land zurückgreifen konnte und solange die landwirtschaftliche Arbeitsproduktivität nicht entscheidend angehoben wurde, fast zwangsläufig zu einer absoluten wie relativen Vergrößerung der unterbäuerlichen Schichten führen, und das war tatsächlich der Fall.

Zunahme der klein- und unterbäuerlichen Schichten

In Regionen mit Anerbenrecht blieb die Zahl der größeren Höfe – außer wenn Neuland erschlossen werden konnte – tendenziell konstant, so daß die Zahl der weichenden und mit keinem oder nur wenig Land ausgestatteten Erben bei wachsender Bevölkerung zunahm. Wo hingegen die Realteilung vorherrschte, wuchs die mittel- bis kleinbäuerliche Schicht auch dadurch an, daß die bessergestellten Großbauern immer weniger und die Höfe tendenziell immer kleiner wurden. Dies konnte so weit führen, daß die Bauern selbst zu Gegenmaßnahmen griffen und – wie etwa in Franken – noch im 16. Jahrhundert zur Zusammenlegung kleiner Teilgüter und zur Wiederherstellung von Vollbauernstellen schritten und dafür sorgten, daß größere und mittlere Einheiten künftig ungeteilt an nur einen Erben übergingen, der wie beim Anerbenrecht die vom Hof weichenden Erben auszuzahlen hatte [217: Weiss, Agrarwesen, 463].

Wachsender Wohlstand bei Grundherren und bessergestellten Bauern

Aus all dem wird verständlich, daß im 16. Jahrhundert zunehmender Wohlstand auf der einen mit Verarmung auf der anderen Seite einhergehen konnte. Ob und in welchem Ausmaß zur einen Seite neben den Großbauern auch die adeligen bzw. bürgerlichen Grundherren zählten, hing davon ab, in welchem Maße es diesen gelang, auf ihren Eigenwirtschaften selbst marktgängige Überschüsse zu erwirtschaften oder sich über eine Erhöhung der bäuerlichen Abgaben an den steigenden Verkaufserlösen der Bauern zu beteiligen. Trotz regionaler Unterschiede kann daher für das westliche

Deutschland von einem Kampf um die Grundrente gesprochen werden, an dem verschiedene Gruppen, darunter auch die Bauern selbst, beteiligt waren [4: ABEL, Landwirtschaft, 397]. Daß es neben einer Vielzahl von Grundherren, die es verstanden, sich einen Großteil der höheren Verkaufserlöse zu sichern, auch nicht wenige Bauern gab, die aufgrund der günstigen Konjunktur zu einem gewissen Wohlstand gelangten, wird an den allenthalben anzutreffenden Bauernhäusern sichtbar, die im Vergleich zu den Häusern früherer Zeiten größer und gefälliger ausgestattet waren [4: ABEL, Landwirtschaft, 403].

Mehrzahl der bäuerlichen Haushalte am Existenzminimum

Insgesamt jedoch dürften die etwa im östlichen Thüringen genauer untersuchten und daher auch besser bekannten Verhältnisse, die im übrigen auch die oben skizzierte zunehmende Differenzierung der ländlichen Bevölkerung widerspiegeln, für den größten Teil Deutschlands zugetroffen haben, wonach „eine hart um ihren Bestand ringende, vielfach belastete und in ihrer Arbeitskraft schwer beanspruchte bäuerliche Existenz" die Regel war [183: SCHWARZE, Soziale Struktur, 74]. Es trifft daher, was noch für die zweite Hälfte des 18. Jahrhundertes Gültigkeit besaß, auch für das 16. Jahrhundert zu, daß nämlich die eigene Hofwirtschaft dem größten Teil der Bauern kaum mehr als einen prekären Lebensunterhalt mit eintöniger Nahrung, einfacher Kleidung und bescheidener Wohnung ermöglichte [216: WEHLER, Gesellschaftsgeschichte, 76]. Sie bewegten sich ebenso wie die zahllosen unselbständig beschäftigten Tagelöhner und Angehörigen des Gesindes „dauernd um ein denkbar niedrig angesetztes Existenzminimum" [ebd.] und waren ständig der Gefahr ausgesetzt, im Falle von Mißernten in größte Bedrängnis und Not zu geraten. Aus dem 16. Jahrhundert sind solche Hunger- und Teuerungskrisen insbesondere für die Jahre 1527–1534, für die 50er und für die 70er Jahre überliefert [51: ENNEN/JANSSEN, Agrargeschichte, 190].

6. Ländliche Mischökonomie

Rückgang der landwirtschaftlichen Arbeitsproduktivität durch nicht-landwirtschaftliche Tätigkeiten kompensiert

Auf die Produktivität und die Arbeitsteilung wirkte sich die aufgezeigte Entwicklung folgendermaßen aus: Wenn die bebaute Ackerfläche nicht im selben Maß ausgedehnt wurde, wie die Bevölkerung wuchs, konnte dies für einen Teil der ländlichen Bevölkerung nur bedeuten, daß sie in der Landwirtschaft allein immer weniger Arbeit fand und daß daher ihre rein landwirtschaftliche Arbeitsproduktivität zurückging. Da die aus dieser resultierende landwirtschaftliche Pro-Kopf-Produktion aber schon zuvor im allgemeinen gerade ausgereicht hatte, um dem einzelnen ein Überleben am Existenzminimum zu ermöglichen, hätte ein Rückgang der individuellen landwirtschaftlichen Arbeitsproduktivität ein Absinken unter dieses zum Überleben notwendige Niveau zur Folge haben können. Daß dieser Teil der deutschen Bevölkerung letztlich, zumindest in größerem Ausmaß, von einem derartigen Verelendungsprozeß verschont blieb, ist zu einem Großteil den zunehmenden Möglichkeiten alternativer Erwerbstätigkeit zu verdanken. Sie halfen den weder ins Ausland noch in die Städte abwandernden klein- und unterbäuerlichen Schichten, den Rückgang ihrer landwirtschaftlichen Arbeitsproduktivität durch nichtlandwirtschaftliche Produktionen oder Dienstleistungen zu kompensieren.

Zunahme gemischter Einkommen auf dem Land mit zwiespältiger Auswirkung auf den Grad der Arbeitsteilung

Aus gesamtwirtschaftlicher Sicht kam es auf diese Weise zu einer Ausweitung gewerblicher Tätigkeiten von der Stadt auf das Land, zu einer „Territorialisierung des Handwerks" [176: SCHREMMER, Wirtschaft Bayerns, 128], die zwar schon früher begonnen hatte, die im 16. Jahrhundert jedoch zweifellos eine Intensivierung erfuhr. Die Auswirkung auf den Grad der Arbeitsteilung war eine doppelte: einerseits nahm der Grad der gesamtwirtschaftlichen Arbeitsteilung durch die Ausweitung gewerblicher Tätigkeiten über die Stadtmauern hinaus zu, andererseits stellten diese Tätigkeiten für den einzelnen vielfach nicht die einzige Beschäftigung dar, so daß die Zahl der Bezieher von Mischeinkommen zunahm und der Grad der individuellen Spezialisierung zurückging.

Zusätzliche landwirtschaftliche und nicht-landwirtschaftliche Tätigkeiten im lokalen Rahmen

Die verschiedenen Möglichkeiten alternativer Erwerbstätigkeit lassen sich in zwei Gruppen zusammenfassen. Die eine, weniger spektakuläre und daher auch weniger reich überlieferte Gruppe umfaßte alle Tätigkeiten, die sich aus den lokalen Bedürfnissen der ländlichen Siedlungen und ihres Umlandes ergaben. Zu ihnen zählten – zunächst durchaus noch im landwirtschaftlichen Bereich – die intensivere Beschäftigung mit sogenannten Sonderkulturen wie dem Weinbau oder der Erzeugung von Flachs, Farbpflanzen, Hopfen, Braugerste, Gemüse etc. Zur selben Gruppe gehörten aber auch fallweise oder regelmäßige Arbeiten bei den größeren Bauern, die zur Bewirtschaftung ihrer Güter über den eigenen Haushalt hinaus auf fremde Arbeitskräfte angewiesen waren, sowie selbständige wie unselbständige Tätigkeiten in der handwerklichen Produktion, im lokalen Warenaustausch, im Transportwesen und in der Errichtung und Erhaltung einer ländlichen Infrastruktur, sofern derartige Produktionen und Dienstleistungen nicht in den Städten lokalisiert waren oder von diesen unterbunden wurden. Daß es den Städten trotz wiederholter Versuche nicht gelang, die Entstehung ländlicher Handwerke zu verhindern, gilt freilich nicht erst seit dem 16. Jahrhundert. Speziell seit dem 15./16. Jahrhundert boten sich darüber hinaus auch im Militärwesen zusätzliche Beschäftigungsmöglichkeiten [176: SCHREMMER, Wirtschaft Bayerns, 119].

Im Verlag organisierte Produktion für überregionale Märkte

Daneben entwickelte sich eine zweite Gruppe von Tätigkeiten, die in hohem Maße auf überregionale Absatzmärkte ausgerichtet waren. Da jedoch die Belieferung solcher Märkte für den einzelnen Produzenten allein mangels Kapital und Kenntnissen kaum möglich war, schalteten sich sogenannte Verleger dazwischen, die die Verbindung zwischen den Produzenten und den Absatzmärkten herstellten. Sie lieferten die Rohstoffe, die in den Werkstätten zahlreicher Heimarbeiter zu Fertigwaren verarbeitet wurden. Diese verkauften sie dann dank ihrer Marktkenntnisse in Deutschland selbst oder aber in das übrige Europa und schließlich bis nach Übersee. Wie die erste reichte auch diese zweite Gruppe nichtlandwirtschaftlicher Erwerbstätigkeit in das späte Mittelalter zurück, erfuhr jedoch – wie angedeutet – im 16. Jahrhundert infolge der Bevölkerungszunahme eine Ausweitung.

Ausweitung des Verlagswesens in der Textilverarbeitung

Die wichtigsten Bereiche, in denen sich das auf ländlichen wie städtischen Arbeitskräften beruhende Verlagswesen verbreitete, waren die Textilverarbeitung und die Metallerzeugung. Wie schon im 14. und 15. Jahrhundert lagen die Zentren ländlichen Verlagswesens in der Textilbranche zunächst in Südwestdeutschland, von wo es sich im 16. Jahrhundert auf andere Teile Deutschlands, insbesondere auf die sächsisch-schlesischen Gebiete, ausdehnte. Nach Norden hin bildete sich noch im selben Jahrhundert eine Grenze heraus, über die das Verlagswesen kaum vordrang, bestehend aus dem südlichen Emsland, dem Ravensberger Land, dem nördlichen Harzvorland und den südlicheren Gebieten Thüringens und Sachsens [75: HENNING, Landwirtschaft, 214].

Zentren exportorientierter Textilproduktion

In Oberdeutschland hatte sich eines der wichtigsten Produktionsgebiete für Leinen und Barchent herausgebildet, das sich vom Bodenseegebiet über Oberschwaben erstreckte und in Konstanz, Ravensburg, Memmingen, Wangen, Isny, Kaufbeuren und St. Gallen seine wichtigsten Zentren hatte. Das seit Beginn des 15. Jahrhunderts im Verlag organisierte Exportgewerbe konnte seinen Bedarf an Flachs aus der eigenen Produktion decken, während es bei der für die Barchenterzeugung notwendigen Baumwolle auf Importe aus Kleinasien, der Levante, Ägypten und Zypern angewiesen war [87: JAHN, Verlag, 163f.]. In Westfalen entwickelten sich vor allem Minden, Ravensberg und Osnabrück auf der Basis des ebenfalls in der Region selbst angebauten Flachses zu Zentren der ländlichen Spinnerei und Leinenweberei, und seit dem 16. Jahrhundert drang auch am Niederrhein, angeregt durch die nahen Niederlande, die Herstellung von Leinenwaren in zunehmendem Maße in ländliche Gegenden vor [110: KISCH, Textilgewerbe, 30f.]. In Sachsen und Schlesien, und zwar speziell in den Gebirgs- und Vorgebirgszonen von Zwickau bis Reichenberg und Neisse, hatte die Leinenproduktion vorerst lediglich den Bedarf der Region gedeckt, bevor sie im 16. Jahrhundert, geleitet von zunächst Leipziger und dann Nürnberger und Augsburger Verlegern, den Mittelmeerraum, dann aber immer mehr auch Westeuropa und sogar die neuen Kolonien in Übersee mit Leinenwaren und schließlich auch mit Barchentstoffen belieferte [74: HENNING, Vorindustrielles Deutschland, 211; 206: STROMER, Gewerbereviere, 71; 87: JAHN, Verlag, 166ff].

Nachteile des Verlagswesens

So sehr jedoch der Verlag der ländlichen Bevölkerung zusätzliche, allerdings zum Überleben vielfach notwendige Erwerbsmöglichkeiten bot, so nachteilig wirkte er sich auf die Unabhängigkeit der verlegten Heimarbeiter aus. Der Mangel alternativer Einkommensquellen konnte fallweise zu extremer Ausbeutung mit all den negativen Begleiterscheinungen wie niedrigen Abnahmepreisen, wucherischen Schuldverhältnissen, ungeregelten Arbeitszeiten und hoher Krisenanfälligkeit führen [216: WEHLER, Gesellschaftsgeschichte, 96].

Bergbau und Metallerzeugung mit Beschäftigungsmöglichkeiten für die Landbevölkerung

Neben dem Textilbereich waren es vor allem die Metallerzeugung und die Metallverarbeitung, in die das Verlagssystem Eingang fand. Allerdings blieb die Metallverarbeitung im wesentlichen auf die städtischen Handwerker beschränkt, so daß die überzählige ländliche Bevölkerung eher in der Metallerzeugung als in der Metallverarbeitung zusätzliche Erwerbsmöglichkeiten fand. Wenn sich daher in Westfalen seit dem 15./16. Jahrhundert auch die Metallverarbeitung aus den früheren städtischen Zentren ins Gebirge ausdehnte, war dies eher die Ausnahme als die Regel [79: HÖMBERG, Wirtschaftsgeschichte Westfalens, 98f.].

Produktion von Eisen, Silber und Kupfer

Die Metallerzeugung hingegen, also die Herstellung von Eisen, Bunt- und Edelmetallen, war unmittelbar mit der Förderung der dafür notwendigen Erze und somit mit dem Bergbau verbunden. Der Abbau von Erzen und deren Verhüttung war jedoch hauptsächlich von drei natürlichen Voraussetzungen abhängig: von den Erzvorkommen, dem Waldreichtum für die Gewinnung der Holzkohle und vom Wasserreichtum für den Betrieb der Produktionsmittel.

Alle drei Voraussetzungen waren im Deutschland des 16. Jahrhunderts in verschiedenen Landschaften gegeben. Allerdings waren die Eisenerzvorkommen wesentlich breiter gestreut als die Bunt- und Edelmetallerze. Diese konzentrierten sich auf wenige, dafür aber um so intensiver abgebaute Minen, und dies konnte zur Entstehung ausgesprochener Bergstädte führen. Im allgemeinen jedoch war die ländliche Bevölkerung sowohl in der Erzgewinnung und -verhüttung selbst als auch in den sekundären Tätigkeiten etwa der Köhlerei, der Holzfällerei oder des Transportes sehr viel stärker miteinbezogen als die städtische [98: KELLENBENZ, Eisen, 413].

Obwohl die Metallerzeugung einschließlich des Bergbaus wie die Textilerzeugung ins Mittelalter zurückreichten, erfuhren auch sie im 16. Jahrhundert einen deutlichen Aufschwung und speziell im Edelmetallbereich eine geradezu spektakuläre Steigerung. Zentren der Eisengewinnung waren nach wie vor die Eifel, der Hunsrück, das Sieger- und das Sauerland, der Harz sowie die Oberpfalz, Thüringen und Sachsen, während im Bereich der Silber- und der damit eng verbundenen Kupferproduktion außer den hier nicht zu behandelnden Zentren in Tirol und Ungarn vor allem das sächsische Erzgebirge und der Bergbau im Harz im 16. Jahrhundert eine große Blüte erlebten, auf die jedoch im selben Jahrhundert ein Abstieg folgte. Im Unterschied zum Eisenerz, das meist zur jeweiligen Grundherrschaft gehörte und vielfach im ländlichen Nebenerwerb abgebaut wurde, waren die Bunt- und Edelmetallvorkommen landesfürstlicher Regalbesitz, der zwar an private Unternehmer verliehen werden konnte, im einen wie im anderen Fall jedoch hauptsächlich von hauptberuflichen Bergleuten abgebaut wurde.

Hauptberuflich wurde in der Regel wohl auch die Verhüttung der Erze zu Roh-, Guß- und Schmiedeeisen sowie zu Silber, Kupfer, Zinn und Zink betrieben, wobei sich gerade auf dieser Verarbeitungsstufe nun vielfach auch Verleger einschalteten, die das von ihnen bei den Hammermeistern in Auftrag gegebene Halbzeug an die weiterverarbeitenden, meist städtischen Metallhandwerker weitergaben. Sowohl der Erzabbau als auch die Verhüttung bedurften einer Reihe ergänzender Tätigkeiten und boten auf diese Weise zahlreichen Menschen auf dem Land die Möglichkeit zusätzlichen Erwerbs als Köhler, Holzfäller, Säumer, Schiffer oder Flößer. Für die Oberpfalz etwa, mit den Bergstädten Amberg und Sulzbach eines der größten europäischen Eisenproduktionsgebiete [laut 118:

Kriedte, Spätfeudalismus, 50, sogar das größte], wird der Anteil der Bevölkerung, der seine Einkünfte aus dem Montansektor im weiteren Sinn bezog, auf über 25% geschätzt [178: Schremmer, Wirtschaft, 1377].

Niedrige Produktivität infolge einfacher Produktionsmethoden; einseitige Gewinnverteilung

Allerdings reichten die daraus erzielten Einkommen in der Regel wohl gerade aus, um den relativen Rückgang rein landwirtschaftlicher Arbeitsmöglichkeiten auszugleichen. Mehr als die Bestreitung des notwendigsten Lebensunterhaltes war damit kaum möglich. Nicht nur daß die Arbeitsproduktivität ganz allgemein infolge der noch sehr einfachen Produktionsmethoden niedrig blieb, auch deren allenthalben zu beobachtende Verbesserung wie etwa die zunehmende Verwendung von Hochöfen anstelle der älteren Stuck- und Schachtöfen kam bei den damaligen Abhängigkeitsverhältnissen wohl eher den Verlegern und Unternehmern oder den Eigentümern als den Arbeitern selbst zugute. Ähnlich wie bei den Gutsherren des östlichen Deutschlands blieb die von Bergbau und Verhüttung ausgehende Nachfrage und potentielle Belebung des Binnenmarktes auf eine relativ schmale, kaufkräftigere Schicht beschränkt, und auch eine daraus eventuell resultierende Zunahme der Arbeitsteilung hielt sich in engen Grenzen.

Weitere Erwerbsmöglichkeiten im Transportwesen

Neben der Textil- und Metallerzeugung fielen andere Sparten des ländlichen Gewerbes, sofern sie für überregionale Märkte produzierten, weit weniger ins Gewicht. Etwas größere Bedeutung erlangten lediglich die Glas- und Papierherstellung, verschiedene Sparten der Holzverarbeitung sowie zum Teil auch die Salzproduktion, die jedoch – etwa in Lüneburg, Halle/Saale und Reichenhall – auch der städtischen Bevölkerung Beschäftigung bot. Allgemeiner verbreitet war dagegen das ländliche Transportwesen, auf das im Rahmen der Metallerzeugung und des Bergbaus bereits hingewiesen wurde. Neben den hauptberuflichen Fuhr- und Schiffsleuten waren es insbesondere die über die notwendigen Zugtiere verfügenden Bauern, die diese auch im Überlandverkehr einsetzen konnten, wobei die jeweils zu betreuenden Streckenabschnitte vielfach in eigenen Ordnungen festgelegt waren. Somit bot auch das Verkehrswesen eine Möglichkeit, die in der Landwirtschaft nicht oder unterbeschäftigten Arbeitskräfte einzusetzen und ihre Arbeitsproduktivität insgesamt zu heben.

Viehhandel von Ost- und Nord- nach Mittel- und Südeuropa

Enger mit der Landwirtschaft verbunden war schließlich der Viehhandel, der ebenfalls einen allerdings kleinen Teil der ländlichen Bevölkerung zumindest vorübergehend beschäftigen konnte. Gerade im 16. Jahrhundert erreichte der quer durch Europa verlaufende Handel mit Lebendvieh einen Höhepunkt. Tausende von Rindern wurden von Ost- und Nordeuropa nach Mittel- und Südeuropa getrieben, um den Fleischbedarf der städtischen Zentren zu decken. Aus Ungarn etwa wurden im 16. Jahrhundert pro Jahr zwischen 100000 und 200000 Ochsen nach Oberitalien, in die habsburgischen Erblande und nach Süddeutschland exportiert; je 40000 bis 50000 kamen aus Dänemark und Polen nach Deutschland [112: Kiss, Viehzucht, 106, und 13: Baszanowski, Ochsenzuchtgebiete, 132; vgl. auch 118: Kriedte, Spätfeudalismus, 43]. Die Einfuhr nach Deutschland wurde ergänzt durch Mastvieh aus Norddeutschland selbst, mit dem vor allem Nordwesteuropa und die Rheinlande versorgt wurden. Weniger spektakulär gestaltete sich der Handel mit Schweinen und Schafen, die außer aus der näheren Umgebung der Nachfragezentren ebenfalls aus entfernteren Gebieten stammten.

Der Hauptgrund für den im 16. Jahrhundert so stark zunehmenden Viehhandel dürfte abermals in der Bevölkerungszunahme zu suchen sein, die eine Ausweitung der Ackerflächen und damit gleichzeitig eine Einschränkung der Weideflächen in Deutschland selbst zur Folge hatte. Die anhaltende und sogar noch wachsende Nachfrage nach Fleisch speziell bei den einkommensstärkeren Schichten machte daher eine gesteigerte Einfuhr ausländischen Schlachtviehs notwendig und dank des bereits beim Getreide beobachteten Preisgefälles auch lukrativ. In der ländlichen Bevölkerung jedoch brachten die umfangreichen Viehtriften insbesondere für die Anrainer der Triebwege zusätzliche Einkünfte aus dem Verkauf von Heu und Stroh sowie aus der Verpachtung von Weideland und Stallungen [223: Westermann, Forschungsaufgaben, 265].

Nicht-landwirtschaftliche Erwerbsmöglichkeiten mit insgesamt höherem Grad der Arbeitsteilung

Zusammenfassend läßt sich demnach festhalten, daß es im Deutschland des 16. Jahrhunderts auf dem Land tatsächlich und in größerem Ausmaß als zuvor eine Reihe von Möglichkeiten gab, anderen als rein landwirtschaftlichen Tätigkeiten entweder ganz oder teilweise nachzugehen. Auf diese Weise konnte die tendenziell sinkende landwirtschaftliche Arbeitsproduktivität der an Zahl zunehmenden klein- und unterbäuerlichen Bevölkerungsgruppen bis zu einem gewissen Grad kompensiert und somit sowohl ein Verelendungsprozeß als auch eine Massenauswanderung größeren Ausmaßes vermieden werden. Dabei dürfte der Grad der Arbeitsteilung insgesamt zugenommen haben, eine entscheidende Anhebung der ländlichen Arbeitsproduktivität ganz allgemein blieb jedoch aus.

D. Städtisches Gewerbe, Binnenmarkt und Außenhandel

Spätestens von dem Zeitpunkt an, da die Ausweitung der Ackerflächen mit der Zunahme der Bevölkerung nicht mehr Schritt zu halten vermag, bedeutet weiteres Bevölkerungswachstum zwangsläufig zunehmende Marktverflechtung, da immer mehr Menschen gezwungen sind, ihren Lebensunterhalt dadurch zu sichern, daß sie Produkte oder Dienstleistungen anbieten, deren Erlös sie erst in die Lage versetzt, sich das zum Leben Notwendige zu erwerben. Daß dies im Deutschland des 16. Jahrhunderts der Fall war, konnte – was die Landbevölkerung betrifft – bereits gezeigt werden. Erst recht jedoch gilt dieser Zusammenhang zwischen wachsender Bevölkerung und zunehmender Marktverflechtung für die städtische Bevölkerung, da diese von vornherein durch einen ungleich höheren Grad an Arbeitsteilung als die ländliche gekennzeichnet und daher für sehr viel mehr ihrer Bedürfnisse auf Zukauf angewiesen ist. Da nun aber die städtische Bevölkerung in Deutschland zumindest gleich schnell – wenn nicht sogar etwas schneller – als die ländliche wuchs, mußte schon allein daraus eine Intensivierung der Marktbeziehungen resultieren.

Zunehmende Marktverflechtung durch Wachstum der Städte

1. Anstieg der gewerblichen Produktion in der Stadt

Städtisches Handwerk als Grundlage der wachsenden gewerblichen Produktion

Die Zunahme der städtischen Bevölkerung ging zunächst einmal mit einer Zunahme der gewerblichen Produktion einher. Wenn auch das tatsächliche Ausmaß der nichtlandwirtschaftlichen Produktion aufgrund der unzureichenden Quellenlage nie auch nur annähernd exakt festzustellen sein wird, gilt es inzwischen als unbestritten, daß sie zumindest absolut zunahm. Ebenso unbestritten sollte sein, daß der allergrößte Teil der gewerblichen Produktion wie schon im Hoch- und Spätmittelalter aus dem städtischen Handwerk stammte. Es prägte im wesentlichen das Bild der zahlreichen Klein- und Mittelstädte mit jeweils einigen hundert bis zu wenigen tausend Einwohnern, von denen es zu Beginn des 16. Jahrhunderts in Deutschland etwa 3000 gab [104: KELLENBENZ, Wirtschaftsgeschichte, 216]. Sie sind gleichsam als breiter, die gewerbliche Produktion tragender

Sockel anzusehen, aus dem die größeren Städte wie die Spitzen eines Eisberges herausragen, die daher im allgemeinen auch deutlich mehr Aufmerksamkeit auf sich ziehen als die mittleren und kleineren Städte Deutschlands.

In diesen standen die Gewerbe des täglichen Grundbedarfs an Nahrung, Kleidung und Wohnung sowie einiger darüber hinausgehender Bedürfnisse im Zentrum der städtischen Wirtschaft. Zu den herausragendsten unter ihnen zählten – wie schon zur Zeit der Städtebildung im Hoch- und Spätmittelalter – die Metzger, Bäcker, Schmiede, Weber, Schuster, Gerber, Schneider, Fischer, Kürschner und Brauer sowie die Handwerker des Baugewerbes. Und wie ebenfalls bereits im Mittelalter waren sie vielfach in Zünften organisiert, deren Politik unter anderem darauf abzielte, allen Zunftmitgliedern und ihren Familien ein standesgemäßes Einkommen zu sichern sowie gleichzeitig den qualitativen Standard zünftigen Handwerks zu halten. Ersterem dienten die Regulierung der Anzahl der Meister und die Versuche, die Entstehung nichtzünftiger Gewerbe in der Stadt wie auf dem Land zu verhindern, letzterem die Kontrolle der Fachausbildung vom Lehrling bis zum Meister.

Organisation des städtischen Handwerks in Zünften

Das Festhalten an mittelalterlichen Traditionen bedeutete auch, daß im Bereich des zünftigen Handwerks eine wesentliche Erhöhung der Arbeitsproduktivität nicht zu erwarten war, und zwar um so weniger, als größere technische Verbesserungen aus dem zünftigen Gewerbe kaum überliefert sind. Ähnliches gilt für den Grad der Arbeitsteilung: Da die Palette handwerklicher Tätigkeiten gegenüber dem Mittelalter nicht wesentlich erweitert wurde, veränderte sich das Spektrum der nichtlandwirtschaftlichen Berufe nur geringfügig, so daß von einer zunehmenden Arbeitsteilung lediglich in quantitativer Hinsicht, und zwar im Ausmaß des Wachstums der Städte, gesprochen werden kann.

Arbeitsteilung und Arbeitsproduktivität im Rahmen der Zünfte

In diesen jedoch fiel es den Zünften im 16. Jahrhundert zusehends schwerer, ihre Politik auch tatsächlich durchzusetzen. Da die Preise für gewerbliche Produkte im Verhältnis zu den Agrarpreisen langsamer anstiegen, wurde es immer schwieriger, das Prinzip der „ausreichenden Nahrung“ [216: WEHLER, Gesellschaftsgeschichte, 93] aufrechtzuerhalten. Während viele Handwerker aufgrund sinkender Realeinkommen verarmten, verstanden es andere, ihren Betrieb über das durchschnittliche Niveau hinaus auszudehnen und auf diese Weise – oft in Verbindung mit einer Handelstätigkeit – beachtliche Vermögen zu akkumulieren. In dieser Situation waren die Zünfte bestenfalls in der Lage, die innerzünftige Differenzierung zu

Soziale Differenzierung im zünftigen und außerzünftigen Handwerk verlangsamen, keinesfalls jedoch, sie aufzuhalten [146: MOTTEK, Wirtschaftsgeschichte, 197 und 204 f.].

Die ärmeren Handwerksmeister und Gesellen sahen sich dann häufig – und durchaus vergleichbar mit den klein- und unterbäuerlichen Schichten – veranlaßt, sich in die Abhängigkeit eines Verlegers zu begeben. Allerdings ist noch ungeklärt, wie viele von den deutschen Handwerkern von dieser Entwicklung tatsächlich betroffen waren, wie vielen es eventuell gelang, durch Steigerung ihrer Produktivität – d.h. in diesem Fall durch verstärkten Arbeitseinsatz – oder durch Ausweitung ihrer Betriebe die für sie ungünstige Preisschere auszugleichen.

Abschließungsversuche der Zünfte

Auf der anderen Seite gibt es aber auch Hinweise auf einen zunehmenden Wohlstand zumindest einiger Handwerker, enthalten doch gerade die vom Reichstag erlassenen Kleiderordnungen des 16. Jahrhunderts wiederholt Bestimmungen gegen die allzu aufwendige Kleidung der Zunfthandwerker [163: PROESLER, Handwerk, 48 f.]. Offenbar versuchten viele Zünfte, die Stellung und den relativen Wohlstand ihrer Mitglieder durch eine restriktive Abschließungspolitik und durch kartellartige Preisregelungen abzusichern, was wiederum die Reichsstände veranlaßte, entsprechende Gegenverordnungen zu erlassen. Diese richteten sich gegen die von den Zünften schon seit längerem praktizierte und von Mitte des 16. Jahrhunderts an verschärfte Politik der willkürlichen Beschränkung des Meisterrechtes – was übrigens auch die Spannungen zwischen Meistern und Gesellen verschärfte –, gegen die Bevorzugung der Meistersöhne und -schwiegersöhne sowie gegen die zum Nachteil der Konsumenten ausfallenden Preisabsprachen [163: PROESLER, Handwerk, 67 ff.]. Doch läßt gerade die häufige Wiederholung solcher Bestimmungen an ihrem Erfolg zweifeln.

Produktion für überregionale Märkte in Städten

Auch die Abschließungs- und Monopolisierungspolitik der Zünfte hatte nur Teilerfolge. Ein beachtlicher und im 16. Jahrhundert wohl zunehmender Teil der gesamtwirtschaftlichen gewerblichen Produktion stammte von nicht-zünftigen Gewerbetreibenden in den Städten wie auf dem Land. Dies gilt vor allem für Gewerbe, die weniger für den lokalen als vielmehr für den überregionalen Markt produzierten. Da gerade sie es waren, die vielfach erst die Grundlage für überdurchschnittliches städtisches Wachstum schufen, waren sie auch eher in den mittleren und größeren als in den kleineren Städten anzutreffen. Ihre Produkte wurden direkt oder über einen Verleger, der durchaus aus den Reihen der Produzenten selbst stammen konnte, in den Handel gebracht. Gerade weil sie eher für den Fernhandel als für die lokalen Märkte bestimmt waren, zogen sie das Interesse der Zeitgenossen wie der Historiker in ungleich stärkerem Maße auf sich. Mit den auf die Bedürfnisse der Stadt und ihres engeren Umlandes ausgerichteten Gewerben hatten sie gemeinsam, daß ihre auch im 16. Jahrhundert anhaltende Zunahme zumindest tendenziell dazu angetan war, den Grad gesamtwirtschaftlicher Arbeitsteilung anzuheben.

Produktivitätssteigernde Wirkung des Verlagswesens

Etwas differenzierter ist die Frage nach einer Steigerung ihrer Arbeitsproduktivität zu beantworten. Vom Produktionsprozeß her war eine solche nicht zu erwarten, da er sich von jenem der selbständigen, nicht verlegten Handwerker kaum unterschied. Dagegen konnte die verlagsmäßige Organisation der Arbeit – und dies traf auch auf die verlegten Heimarbeiter auf dem Land zu – die Produktivität insofern anheben, als sich der verlegte Handwerker weder um die Beschaffung der Rohstoffe noch um den Absatz der Fertigwaren zu kümmern brauchte und die so gewonnene Zeit der eigentlichen Produktion zugute kommen konnte. Indem der Verleger die Beschaffung der Rohstoffe und den Vertrieb konzentriert übernahm, trug er dazu bei, daß die gewerbliche Produktion erhöht wurde, wenn auch einschränkend hinzugefügt werden muß, daß die verlagsmäßig organisierte Produktion trotz ihrer Ausdehnung im 16. Jahrhundert noch immer nur den kleineren Teil der gesamten nicht-landwirtschaftlichen Erzeugung ausmachte. Im folgenden sollen die wichtigsten Zentren des städtischen Verlagswesens, nicht zuletzt wegen seiner zukunftsweisenden Bedeutung, kurz vorgestellt werden.

Wie auf dem Lande, so waren es auch in den Städten in erster Linie die Textil- und die Metallverarbeitungsgewerbe, die den größten Teil der für überregionale Märkte produzierenden zünftigen wie nicht-zünftigen Handwerker beschäftigten. Sie verarbeiteten – um mit der Textilproduktion zu beginnen – sowohl heimische wie importierte Rohstoffe.

Exportorientierte Wollverarbeitung in Bayern

In Bayern etwa unterschied man seit dem späten 15. Jahrhundert die Loderer, die aus heimischer Schafwolle derbe Lodenstoffe herstellten, von den Tuchmachern, die für die Produktion feinerer Tuchsorten bessere, meist aus Böhmen und Sachsen stammende Wolle nahmen. Die Erzeugung von billigen und dauerhaften Lodenstoffen, die in Bayern seit dem 15. Jahrhundert zur Land- und Alltagsmode gehörten, entwickelte sich im 15. und 16. Jahrhundert auf dem Lande wie in den Städten zu einem typisch bayerischen Exportgewerbe und regte darüber hinaus die Entstehung mehrerer vorgelagerter Erwerbszweige wie die Schäferei, die Spinnerei, die Spulerei und die Wollschlägerei an. Organisiert wurden die Exporte, die vor allem nach Bozen und Italien gingen, vorwiegend von bayerischen Verlegern und Handelshäusern. Auch das bayerische Tuchmacherhandwerk erlebte in der ersten Hälfte des 16. Jahrhunderts, und zwar insbesondere im Münchner Raum und in Regensburg, seinen Höhepunkt, mündete jedoch in der zweiten Jahrhunderthälfte mit sinkenden Meisterzahlen und abnehmenden Produktionsmengen in eine ausgesprochene Stagnationsphase, die wohl auf verstärkte Einfuhr qualitativ besserer und preisgünstigerer Tuche aus Sachsen und Böhmen zurückzuführen war [176: Schremmer, Wirtschaft, 91 ff.].

Produktion von Leinenstoffen und Barchent in Sachsen

Sachsen wurde ab der Wende zum 16. Jahrhundert auch zu einem Zentrum der Leinen- und Barchentherstellung, die zwar in hohem Maße, aber keinesfalls ausschließlich auf dem Lande angesiedelt war. Speziell Chemnitz stieg von den 1530er Jahren an zum Zentrum der zunächst von Verlegern aus Leipzig, dann in zunehmendem Maße von solchen aus Nürnberg und Augsburg initiierten Barchentweberei und Schwarzfärberei auf, und auch der sogenannte Zunftkauf, bei dem eine ganze Zunft für einen bestimmten Verleger produzierte und der in Sachsen in der zweiten Jahrhunderthälfte aufkam, deutet darauf hin, daß städtische Handwerker mit einbezogen wurden [42: Dietrich, Städtewesen, 208 f]. Die Gewebe des östlichen Mitteldeutschlands, die in Nürnberg vielfach noch veredelt, d.h. vor allem gefärbt wurden, waren zunächst für den Mittelmeerraum, später dann auch für die noch jungen spanisch-portugiesischen Kolonien in Übersee bestimmt.

Herstellung von Barchent und Wollstoffen in oberdeutschen Städten

Auf eine längere Tradition konnte das Barchentgewerbe im ostschwäbischen Raum zurückblicken. Als Zentren der von heimischen Verlegern organisierten Produktion ragten um 1500 die Städte Ulm, Ravensburg, Memmingen, Kempten, Isny und Biberach hervor, während das Wolltuchgewerbe insbesondere in Nördlingen sowie teilweise in Ulm und Augsburg beheimatet war [233: Zorn, Neues Bild, 153]. Gut hundert Jahre später zählte allein Augsburg rund 3000 Webermeister mit mindestens ebenso vielen Gesellen [127: Layer/Schremmer, Wirtschaft, 1083]. Die Verbindung zwischen den Verlegern auf der einen und ganzen Zünften auf der anderen Seite wurde hier bereits seit dem frühen 16. Jahrhundert zu einem festen Bestandteil im oberdeutschen Textilgeschäft, wobei die Zünfte sowohl den Großeinkauf der Rohstoffe als auch den Verkauf der Fertigwaren an die Verleger übernahmen, ohne daß sich dadurch jedoch an der Abhängigkeit der zünftischen Stadt- und der zunftfreien Landweber etwas geändert hätte [127: LAYER/SCHREMMER, Wirtschaft, 1080].

Köln als Zentrum der Textilproduktion

Was Augsburg und manche andere oberdeutschen Städte für die Textilerzeugung des Südens bedeuteten, war Köln für die Textilproduktion des Westens. Trotz eines relativen Bedeutungsverlustes im Vergleich zu den Zentren Nordwesteuropas blieb die rheinische Metropole über das 15. Jahrhundert hinaus der Mittelpunkt des westdeutschen Wollgewerbes. Ihre Stoffe waren zwar nicht so fein wie die niederländischen oder englischen, fanden jedoch im Osten Europas einen regen Absatz. In ganz Nordwesteuropa einzigartig war die Stellung Kölns als Stadt der Barchenterzeugung, die erst gegen Ende des 15. Jahrhunderts auch in Frankfurt am Main etwas stärker aufkam; Kölner Barchent wurde vor allem nach Nord- und Westeuropa verkauft. Und als Seidenstadt schließlich mußte Köln nördlich der Alpen überhaupt nur mit Paris und Lyon als Konkurrenten rechnen [85: IRSIGLER, Kölner Wirtschaft, 306]. Darüber hinaus ging von Köln ein stimulierender Einfluß auf eine Reihe anderer rheinischer Tuchstädte aus, der bis in die unmittelbare Nähe Aachens reichte, das ebenfalls ein blühendes Tuchgewerbe beherbergte.

Daraus geht bereits hervor, daß Köln nicht nur ein Zentrum der textilen Produktion als solcher war, sondern daß in Köln auch die Verleger saßen, die diese und andere Produktionen organisierten und finanzierten. Dazu zählten neben der Textilerzeugung auch verschiedene Sparten der Metallverarbeitung, die ebenfalls in hohem Maße auf überregionale Märkte ausgerichtet war. Im Unterschied zur Leinen-, Wolltuch- und Barchenterzeugung blieb die Verarbeitung von Eisen, Bunt- und Edelmetallen noch weitgehend den Städten vorbehalten.

Nürnberg als Zentrum der Metallwarenproduktion

Zum bedeutendsten Zentrum der Metallwarenproduktion hatte sich bis zum Ende des 15. Jahrhunderts die Stadt Nürnberg entwickelt. Das zunächst aus der Oberpfalz und seit dem 16. Jahrhundert auch aus der Steiermark bezogene Eisen wurde hier zu den verschiedensten Metallwaren, vor allem zu Messern, Klingen, Nadeln und Drähten, aber auch zu Waffen und anderem Kriegsmaterial verarbeitet und in alle Richtungen exportiert. Die Produktion von Messern stieg bis zur Mitte des 16. Jahrhunderts auf 4 bis 5 Millionen Stück an, fiel dann jedoch bis zum Beginn des 17. Jahrhunderts auf rund 2 Millionen zurück [195: STAHLSCHMIDT, Gewerbe, 77]. Auch die Klingenherstellung erlebte in unserem Untersuchungszeitraum einen starken Aufschwung und beschäftigte in Nürnberg rund 600 bis 800 Meister [ebd., 78]. In Europa an der Spitze stand Nürnberg bei der Herstellung feinmechanischer Produkte, wofür wie für die Messingwarenerzeugung ganz allgemein der Rohstoff, vor allem das Kupfer, vorwiegend aus dem Mansfelder Bergbaurevier, daneben aber auch aus Böhmen, Ungarn und zu einem geringen Teil aus Tirol bezogen wurde [177: SCHREMMER, Entwicklung, 489f.]. In der Organisation der Nürnberger Metallgewerbe hatte sich bereits im 15. Jahrhundert das Verlagswesen durchgesetzt. wobei die Verleger in der Regel aus dem Kreis der Handwerksmeister selbst stammten.

Metallverarbeitung in Oberdeutschland

Außer in Nürnberg faßte das metallverarbeitende Gewerbe auch in anderen Städten des oberdeutschen Raumes Fuß, so etwa in Amberg und Sulzbach. Angeregt von Nürnberger und Straßburger Vorbildern erlebte die sehr arbeitsaufwendige und kunstvolle Zinngießerei in Esslingen und Ulm gerade im 16. Jahrhundert einen Aufschwung. Sie konnte sich wie die Weißblechfabrikation, die außer in der Oberpfalz auch im Zwickauer Raum betrieben wurde, auf die heimischen Zinnvorkommen des Fichtelgebirges sowie auf böhmisches Zinn stützen [98: KELLENBENZ, Eisen, 434]. Einer guten Konjunktur konnten sich auch die Gold- und Silberschmiede erfreuen, die außer in Esslingen und Ulm auch in Pforzheim sowie etwas später in Freiburg und Gmünd von der „Edelmetallschwemme" des 16. Jahrhunderts profitierten [28: BOELCKE, Wirtschaftsgeschichte, 139f.].

Zentren der Metallverarbeitung in West- und Mitteldeutschland

Die für lange Zeit größte Stadt Deutschlands, nämlich Köln, war nicht nur ein Zentrum der Textilerzeugung, sondern brachte auch auf dem Gebiet der Metallverarbeitung, und zwar insbesondere in der Pfannenschmiederei und der Harnischherstellung sowie in der Goldschlägerei und im Goldschmiedegewerbe, Spitzenleistungen hervor. Allerdings entstanden im Laufe der Zeit auch in der näheren und weiteren Umgebung der Stadt – zum Teil als Folge zünftischer Abschließungspolitik, zum Teil von Kölner Verlegern selbst angeregt – neue Zentren der Metallverarbeitung, die spätestens seit dem 16. Jahrhundert eine ernsthafte Konkurrenz darstellten. Zu ihnen gehörte etwa die von zunftfreien Kölnern und auswärtigen Unternehmern aufgebaute Harnischproduktion in Deutz und Mühlheim [85: IRSIGLER, Kölner Wirtschaft, 308].

Außerhalb von kölnischem Einfluß hatte dagegen von vornherein das hochentwickelte Kupfer- und Messinggewerbe in Aachen und im nahen Stolberg gestanden, obwohl es in der Folge auch hier zu geschäftlichen und verwandtschaftlichen Verbindungen mit Köln kam; wie Nürnberg und Braunschweig, die beiden anderen

Zentren der deutschen Kupferverarbeitung, stützten sich Aachen und Stolberg insbesondere auf mansfeldisches und ungarisches Kupfer, das unter Beimischung von Zink und Galmei, die beide in der näheren Umgebung abgebaut werden konnten, zu Messing legiert und weiterverarbeitet wurde [221: WESTERMANN, Eislebener Garkupfer, 37 f.].

Von Köln aus bestanden Geschäftsverbindungen auch mit dem Eisengewerbe in Siegen und Solingen, wo sich gegen Ende des 16. Jahrhunderts wie in Nürnberg zwischen 600 und 800 Meister mit der Herstellung von Klingen beschäftigten [195: STAHLSCHMIDT, Gewerbe, 78]. Kölner Verleger monopolisierten die Stahlherstellung in Breckerfeld, das sich speziell im 15. und 16. Jahrhundert zu einem ausgesprochenen Zentrum der Stahlerzeugung entwickelte und wo es wiederholt vorkam, daß die Zunft der Stahlschmiede ihre ganze Produktion gegen entsprechende Vorschußzahlungen einzelnen Verlegern zusicherte. Ebenfalls im märkischen Sauerland befanden sich mit Altena, Lüdenscheid und Iserlohn einige der bedeutendsten Drahtstädte Deutschlands [119: KRINS, Eisengewerbe, 185]. Eine ganze Reihe von Städten, angeführt von Essen, widmete sich im Rheinland dem Büchsenmachergewerbe, das darüber hinaus außer in Nürnberg vor allem auch im thüringischen Suhl beheimatet war. Ebenfalls in Thüringen hatte sich mit Schmalkalden ein weiteres Zentrum der deutschen Stahlerzeugung entwickelt [vgl. 195: STAHLSCHMIDT, Gewerbe, 78 ff.]. Schließlich verfügten viele der deutschen Fürsten über eigene Münzstätten, die das in Deutschland gewonnene Silber und Kupfer zu einer Vielzahl von Zahlungsmitteln verarbeiteten.

2. Produktionstechnik

Weiterentwicklung der Produktionstechnik mit nur geringen Auswirkungen auf die Arbeitsproduktivität

Dieser kurze Überblick über die Zentren der deutschen Metallverarbeitung, von denen die meisten in ihren Anfängen bis ins Spätmittelalter zurückreichten, ließ erkennen, daß manche von ihnen im 16. Jahrhundert einen Aufschwung erlebten. Ähnliches gilt auch für die Produktionstechnik. Schon seit dem 13. Jahrhundert wurde Wasserkraft in der Eisenerzeugung verwendet [195: STAHLSCHMIDT, Gewerbe, 83]; nunmehr fand sie Eingang in immer mehr Anwendungsgebiete wie etwa das Ausschmieden der Klingen und Sensenblätter, das Schleifen von Messer- und Schwertklingen, die Drahtzieherei. Die Technik hielt mit der Ausweitung der Produktion durchaus Schritt, ohne daß sie jedoch grundlegend umgestaltet worden wäre.

Dasselbe gilt im wesentlichen auch für die Produktionsmethoden in den meisten anderen Gewerbezweigen, die zum Teil ebenfalls für überregionale Märkte produzierten, als solche jedoch deutlich hinter der Bedeutung der Textil- und Metallwarenproduktion zurückblieben und hier nicht eigens behandelt werden sollen. Insgesamt stand somit die Technik in den Verarbeitungsgewerben den Verfahren des Mittelalters noch weit näher als den Produktionsmethoden des 19./20. Jahrhunderts; sie war demnach eher von Kontinuität als von tiefgreifenden Neuerungen geprägt.

Entscheidende Neuerungen gab es dagegen in der Metallerzeugung, insbesondere in der Gewinnung von Silber und Kupfer [213: Treue, Wirtschaft, 461]. Größere Schmelzöfen und höhere Schmelztemperaturen, ermöglicht durch einen effizienteren Einsatz von mit Wasserkraft angetriebenen Blasebälgen, sorgten gemeinsam mit einer Optimierung der Zuschläge für einen geringeren Metallrückhalt in den Schlacken und eine Steigerung der Produktqualität [207: Suhling, Entwicklungen, 126], trugen aber zweifellos auch zur Steigerung der Produktivität und damit zur Ausweitung der Produktionskapazität entscheidend bei.

Trotz dieser und einiger anderer Beispiele verbesserter Techniken muß festgehalten werden, daß der technische Fortschritt im 16. Jahrhundert – insbesondere im Vergleich mit späteren Zeitabschnitten – sehr bescheiden war. Zu einer Anhebung der Arbeitsproduktivität, die noch hauptsächlich auf Handarbeit beruhte, kam es daher – von Ausnahmen abgesehen – nicht. Wenn dennoch die gewerbliche Produktion und der Grad der Arbeitsteilung zunahmen, ist dies weniger auf eine höhere Arbeitsproduktivität oder auf eine Auffächerung gewerblicher Tätigkeiten zurückzuführen als vielmehr auf das bloße Bevölkerungswachstum; immer mehr Menschen suchten im Gewerbe Arbeit, und zum Teil fanden sie sie auch.

3. Montanwirtschaft, Verlagswesen und Frühkapitalismus

Deutliche Ausweitung der Metallerzeugung

Nur in wenigen Branchen erreichte die Produktion ein Ausmaß, das über das Wachstum der Bevölkerung oder der restlichen Wirtschaft hinausging. Zu ihnen zählte die Erzeugung von Silber und Kupfer, die auch ohne den hier nicht mit einbezogenen Bergbau im tirolischen Schwaz allein im Harz und im Erzgebirge frühere Produktionsmengen weit hinter sich ließ, so daß bis zur Mitte des 16. Jahrhunderts, als der verstärkte Abbau amerikanischen Silbers einsetzte, die deutsche Silber- und Kupferproduktion gemeinsam mit Schwaz weltweit an der Spitze stand [213: TREUE, Wirtschaft, 460].

Kupfer- und Silberproduktion im Harz und im Erzgebirge

Im Harz kamen zu den alten Gruben um Goslar, Clausthal und Mansfeld neue Abbaustätten u. a. in St. Andreasberg hinzu, im sächsischen Erzgebirge wurde das traditionsreiche Freiberg seit dem ausgehenden 15. Jahrhundert von den neuen Revieren um Schneeberg und Annaberg überholt. Um aus den meist vermengt vorkommenden Silber- und Kupfererzen die beiden Metalle in Reinform zu erhalten, war es notwendig, sie in wiederholten Schmelzvorgängen und unter Verwendung von Blei voneinander abzuscheiden, wofür in Sachsen, Thüringen und im Mansfelder Revier selbst sogenannte Saigerhütten entstanden. Das Blei konnte zunächst ebenfalls im Harz gewonnen werden, mußte jedoch seit der Jahrhundertmitte um englisches Blei ergänzt werden [117: KRASCHEWSKI, Bergbau, 137].

Allerdings begann noch im selben Jahrhundert der Niedergang des Bergbaus: spätestens seit etwa 1570 waren die relativ leicht zugänglichen Erzvorkommen weitgehend abgebaut, die Erschließung neuer Funde erwies sich infolge der zu hohen Kosten der Wasserhebung und der Erzförderung – insbesondere im Vergleich zum amerikanischen Silber – als zu kostspielig, die Gewinne schrumpften, und die Kapitalgeber zogen sich aus dem Bergbau zurück [77: HILDEBRANDT, Krise, 171].

Kapitalakkumulation in der Silber- und Kupfergewinnung

Noch in einer weiteren Hinsicht unterschieden sich der Abbau und die Verhüttung von Silber und Kupfer von den meisten anderen Sparten der nichtlandwirtschaftlichen Produktion: Nirgendwo sonst kam es – von Ausnahmen abgesehen – zu einer derartigen Akkumulation von Kapital in den Händen einiger weniger Unternehmer, die damit den Durchschnitt der übrigen Verleger deutlich hinter sich ließen. Gerade für den Silber- und Kupferbergbau einschließlich der Verhüttung waren, wollte man ihn weiter ausbauen, aufwendige technische Einrichtungen erforderlich wie etwa die Anlage von Stollen oder die Installierung von leistungsstarken Pumpen, deren Finanzierung mit Kosten verbunden waren, die ein durchschnittlicher Bergwerksunternehmer allein nicht mehr aufbringen konnte.

Trennung von Arbeit und Kapital

Dazu kam, daß solche Bergwerksbesitzer oder Gewerken, die, was das Mansfelder Revier und das Erzgebirge betrifft, in zunehmendem Maße aus den städtischen Zentren Nürnberg und Leipzig stammten, nicht mehr selbst am Abbau mitwirkten, sondern in erster Linie als Kapitalgeber fungierten. Die einzelnen Bergwerksanteile wurden bereits wie Aktien gehandelt, Arbeit und Kapital waren getrennt. Und schließlich erinnerten auch die Berg- und Hüttenarbeiter bereits insofern an moderne Lohnarbeiter, als sie nicht nur von den Gewerken abhängig, sondern auch im konzentrierten Betrieb zusammengefaßt waren. Diese Aspekte des frühneuzeitlichen Bergbaus trugen neben anderem dazu bei, dem 16. Jahrhundert das Etikett des „Frühkapitalismus" zu verleihen und in den bedeutendsten Unternehmern der Zeit wie etwa den Fuggern, Welsern und anderen Großunternehmern speziell des oberdeutschen Raumes Vorläufer der späteren „Industriekapitäne" zu sehen [38: DEININGER, Augsburg, 120f.].

Einschätzung der „Monopole" in der Öffentlichkeit

Gerade die größten unter ihnen zogen schon damals wegen ihrer riesigen Gewinne und ihrer monopolistischen Praktiken immer wieder den Unwillen breiter Bevölkerungskreise auf sich, und auch der Reichstag befaßte sich mehr als einmal mit den sog. Monopolen, wie sie auch genannt wurden [18: BLAICH, Wirtschaftsgesinnung, 275]. In Traktaten, Flugschriften, Pamphleten, Spottgedichten u.ä. setzte man sich mit ihrem überdurchschnittlichen Reichtum und mit den vermeintlichen wie tatsächlichen Möglichkeiten des Machtmißbrauchs und betrügerischer Manipulationen auseinander, wobei weniger auf volkswirtschaftlicher als vielmehr auf wirtschaftsethischer Ebene argumentiert wurde; je nach Standpunkt versuchten die Gelehrten – und zwar die katholischen wie die protestantischen –, die Monopole entweder als unsittlich und als Verstoß gegen die natürliche Ordnung zu verwerfen oder aber sie von diesem Vorwurf zu befreien.

und im Reichstag

Im Reichstag bemühten sich vor allem die kleineren und mittleren Stände um eine antimonopolistische Gesetzgebung, während etwa der Kaiser selbst, der zur Durchsetzung seiner Politik kapitalkräftige Kreditgeber brauchte, solche Bestrebungen eher zu unterlaufen und den Monopolen unter anderem sogar einen volkswirtschaftlichen Nutzen zuzusprechen suchte [199: STRIEDER, Studien, 77 und 89]. Auch waren es gerade die habsburgischen Kaiser sowie die Herzöge bzw. Kurfürsten von Sachsen und die Grafen von Mansfeld, die einzelnen Kapital- und Kreditgebern als Gegenleistung besondere Bergwerksrechte und Privilegien gewährten, die ihre monopolartige Stellung vielfach erst begründeten. Allerdings barg die Kreditvergabe – insbesondere wenn sie im Verhältnis zu den Gegenwerten überzogen wurde – auch große Gefahren in sich, die ebenfalls noch im 16. Jahrhundert augenfällig wurden: Allein zwischen 1556 und 1584 mußten nicht weniger als 70 bedeutende

Augsburger Firmen den Bankrott erklären [38: DEININGER, Augsburg, 46].

Was die Bergwerks- und Hüttenunternehmer als „frühkapitalistisch“ kennzeichnete, waren nicht nur ihre besonders großen, letztlich aber vielfach nur vorübergehenden Vermögen, sondern mindestens ebensosehr die von ihnen praktizierte Trennung von Arbeit und Kapital sowie die Größe ihrer Unternehmen, die über den Rahmen eines Handwerksbetriebes weit hinausging. Beides war im Prinzip auch bei den Verlegern gegeben, mit dem Unterschied, daß die von diesen beschäftigten Arbeitskräfte noch nicht in einem zentralisierten Betrieb zusammengefaßt waren, sondern nach wie vor dezentralisiert in ihren städtischen und ländlichen Werkstätten arbeiteten.

Frühkapitalistische Elemente nicht erst seit dem 16. Jahrhundert

Aus der Sicht der Unternehmer handelte es sich in beiden Fällen um die Beschäftigung einer Vielzahl von Menschen, die im Auftrag der Gewerken oder der Verleger bestimmte Produkte herstellten, die dann von diesen auf den Markt gebracht wurden. Eine so gestaltete Arbeitsorganisation unterschied sich grundlegend von der Produktionsweise selbständiger, unmittelbar für den Markt arbeitender Handwerksmeister. Sie nahm bereits einige wesentliche Kennzeichen der modernen kapitalistischen Industrieproduktion vorweg und kann daher in diesem Sinne als frühkapitalistisch bezeichnet werden.

Der Übergang vom handwerklichen Meisterbetrieb, in dem Arbeit und Kapital in einer Hand vereinigt und die Produktion in erster Linie auf den lokalen Markt ausgerichtet war, zum frühkapitalistischen Unternehmen, in dem Arbeit und Kapital getrennt und die Produkte für ferner liegende Märkte bestimmt waren, läßt sich allerdings – und darauf kommt es hier besonders an – nicht erst im 16. Jahrhundert beobachten. Sowohl im Bergbau als auch im Verlagswesen reichen frühkapitalistische Produktionsverhältnisse bis ins 14./15. Jahrhundert und teilweise noch weiter zurück; in Westeuropa ist das Verlagssystem seit dem 13. Jahrhundert überliefert. Das 16. Jahrhundert sah daher diesbezüglich nichts grundlegend Neues, sondern erlebte lediglich eine Intensivierung und Ausweitung von Produktionsformen, die bereits seit längerer Zeit bekannt waren.

Formen und Voraussetzungen des Verlags

Grundsätzlich kann man zumindest drei Formen oder Stufen der Beziehungen zwischen Verlegern und verlegten Handwerkern bzw. Heimarbeitern unterscheiden und im 16. Jahrhundert auch tatsächlich beobachten [216: WEHLER, Gesellschaftsgeschichte, 95]: verlegte Handwerker mit eigenem Werkzeug und eigener Rohstoffbeschaffung; verlegte Handwerker mit eigenem Werkzeug, aber mit vom Verleger vorgeschossenem Rohstoff und schließlich verlegte Heimarbeiter mit Werkzeugen und Rohstoffen vom Verleger. Die Vorteile für die Verleger sind unter anderem darin zu sehen, daß sie sich die Kosten der Betriebsgebäude und zum Teil auch der Produktionsmittel sparten und die Produktion daher billiger und beweglicher gestalten konnten. Andererseits mußte der Verleger sowohl die Bezugsquellen für die Rohstoffe wie etwa für die aus dem Nahen Osten bezogene Baumwolle zur Barchentproduktion als auch die Absatzmärkte für die fertigen Produkte kennen, um die von ihm angestrebte Massenproduktion aufrechterhalten zu können. Erst diese Kenntnisse, verbunden mit einer noch näher zu beschreibenden erwerbswirtschaftlichen Geisteshaltung, verliehen dem Verleger eine gewisse Überlegenheit über die zünftlerisch gebundenen, lediglich auf den lokalen Markt ausgerichteten Handwerksmeister.

Traditionelle Verbindung von Handel und Verlag,

Beides, Marktkenntnisse und kapitalistisches Denken, waren unter den traditionellen Gruppierungen der mittelalterlichen Gesellschaft am ehesten bei den Handeltreibenden anzutreffen, woraus sich erklärt, daß so viele Verleger aus den Reihen der Kaufleute stammten. Zwar bot der Handel auch eine günstige Voraussetzung für die ursprüngliche, für den Aufbau einer Verlagsproduktion notwendige Kapitalbildung, doch reichte das Kapital allein nicht aus, wie das Beispiel der Grundherren zeigt, die nur selten zu Verlegern wurden. Was somit den kapitalistischen Aspekt verlegerischen Tuns betrifft, sind die Vorläufer der Verleger eher unter den Kaufleuten als etwa unter den Handwerksmeistern zu suchen. Die Kaufleute jedoch sind noch weniger als die Verleger selbst eine Erscheinung erst des 16. Jahrhunderts, so daß auch aus dieser Sicht – was die Entstehung frühkapitalistischer Erscheinungen anlangt – eher von Kontinuität und Intensivierung als von Neubeginn, Umbruch und Wende zu sprechen ist.

von Handelskapital

Daß die ursprüngliche Kapitalakkumulation sowohl der späteren Verleger als auch der Bergwerksunternehmer in erster Linie aus den Profiten der Kaufleute resultierte, gilt inzwischen als unbestritten. Nur ausnahmsweise fand die von den Adeligen akkumulierte Grundrente auf direktem Wege Eingang in Bergbau, Verhüttung und Verlag. Indirekt hingegen war letzteres sehr wohl der Fall, da sich die Vermögen der Kaufleute letztlich erst aus dem Handel und dem Kreditgeschäft mit kaufkräftigen Leuten, darunter gerade auch solchen mit feudalen Grundrenten, bilden konnten.

und kapitalistischer Geisteshaltung

Wenn nicht das Kapital der Grundherren, sondern das der

Kaufleute in die gewerbliche Produktion investiert wurde, ist dies letztlich in einer unterschiedlichen Geisteshaltung begründet. Kapitalistisches Denken und kapitalistischer Geist waren den meist adeligen Beziehern von Grundrenten in der Regel fremd, vielen gerade der größeren Kaufleute dagegen durchaus eigen. Von all den Versuchen, die kapitalistische Wirtschaftsgesinnung zu definieren oder zu umschreiben, scheint die von Karl Marx vorgeschlagene am ehesten geeignet, einen über alle Einzelaspekte hinaus gemeinsamen Nenner abzugeben.

Kapitalistisches Denken und Tun nach Marx

Er unterscheidet grundsätzlich zwei Arten wirtschaftlicher Tätigkeit: die eine dient ausschließlich dazu, einen angemessenen Lebensunterhalt zu sichern, die andere geht wesentlich darüber hinaus, indem sie um ihrer selbst bzw. um des Erwerbs willen betrieben wird, mit dem angestrebten Ergebnis, daß mehr erwirtschaftet wird, als zur Sicherung einer standesgemäßen Lebensführung notwendig ist. Im einen Fall produziert man eine materielle oder immaterielle „Ware" und tauscht sie gegen andere zum Leben notwendige „Waren" ein, im zweiten Fall investiert man Kapital, um noch mehr Kapital zu erhalten.

Es liegt auf der Hand, daß in der Praxis zwischen den beiden Arten wirtschaftlicher Tätigkeit keine scharfe Grenze gezogen werden kann, daß die Frage, wo die eine aufhört und die andere anfängt, vielfach offenbleiben muß. Letztlich jedoch sind wohl diese beiden unterschiedlichen Motivationen wirtschaftlichen Tuns gemeint, wenn auch von anderen als von Marx von auskömmlicher Nahrung, Bedarfsdeckungsprinzip, Selbstgenügsamkeit, Rentendenken und Zunftgeist auf der einen, von Erwerbstrieb, Gewinnmaximierung, Reichtumserwerb, unaufhaltsamem Schaffensdrang und Risikobereitschaft auf der anderen Seite gesprochen wird [199: Strieder, Studien, 13 und 55; 38: Deininger, Augsburg, 9f; 74: Henning, Deutschland, 216; 123: Kulischer, Wirtschaftsgeschichte, 409; 216: Wehler, Gesellschaftsgeschichte, 60; 78: Höffner, Wirtschaftsethik, 2; 167: Richarz, Haushalte, 13].

Träger kapitalistischen Geistes im 16. Jahrhundert

Die meisten anderen zur Charakterisierung kapitalistischer Einstellung vorgebrachten Merkmale wie etwa die rationellere Anwendung des Erwerbsprinzips, die Bereitstellung von Krediten oder spekulativer Handel müssen als zusätzliche Details zu der hier getroffenen grundlegenden Unterscheidung angesehen werden. Sie betreffen häufig die Form, weniger jedoch das Wesen kapitalistischen Wirtschaftens und werden im zweiten Hauptabschnitt dieses Buches eigens zur Sprache kommen.

Hier jedoch sei die oben getroffene Unterscheidung kapitalistischen und nichtkapitalistischen Denkens noch einmal aufgegriffen und nach ihrer tatsächlichen Ausprägung in der Wirtschaft des 16. Jahrhunderts gefragt. Die eine der beiden Geisteshaltungen ließ sich außer bei der überwiegenden Mehrzahl der bäuerlichen Bevölkerung auch bei den meisten städtischen Handwerkern und mittleren und kleineren Kaufleuten sowie – zumindest westlich der Elbe – beim größten Teil der adeligen Grundherren beobachten, die andere dagegen war vor allem unter den Großkaufleuten, den Verlegern und den Gewerken sowie den exportorientierten Gutsherren im östlichen Deutschland anzutreffen.

Daraus erhellt zweierlei: Zum einen wäre es wohl verfehlt, frühkapitalistische Ansätze allein bei den relativ wenigen spektakulären Großkapitalisten in Oberdeutschland orten zu wollen, und zwar um so weniger, als sie letztlich nur eine vorübergehende Erscheinung darstellten und eine derart enge Beschränkung auf einige wenige Großkapitalisten auch dem modernen Kapitalismus keinesfalls gerecht werden würde. Zum anderen stellte der frühkapitalistische Geist, wie er hier zu umschreiben versucht wurde, keinesfalls eine Erscheinung erst des 16. Jahrhunderts dar, sondern fand schon mit dem Aufkommen und der Verbreitung speziell des Fernhandels in die deutsche Wirtschaft Eingang. Wie in vielen anderen, bereits behandelten Bereichen erfuhr auch das kapitalistische Denken im 16. Jahrhundert zwar eine nicht zu übersehende Ausweitung, neu jedoch war es keineswegs.

4. Lokale und regionale Märkte

Kommerzialisierung von Teilen der deutschen Wirtschaft

Eine Begleiterscheinung, wenn nicht sogar Voraussetzung für die Ausweitung kapitalistischen Denkens war die Erweiterung des von Wehler als „ingeniöse Institution“ bezeichneten Marktes [216: Wehler, Gesellschaftsgeschichte, 61]. Schon Adam Smith sah in der Ausbreitung der Marktbeziehungen eine Haupttriebkraft des Kapitalismus, schuf doch erst die fortschreitende Kommerzialisierung die Voraussetzungen für gewinnbringendes und im oben definierten Sinn kapitalistisches Wirtschaften. Die Kommerzialisierung von zumindest Teilen der deutschen Wirtschaft setzte jedoch nicht erst im 16. Jahrhundert ein. Nicht nur die Entstehung und Verbreitung des Städtewesens reichte in das Hoch- und Spätmittelalter zurück, auch das Geld- und Kreditwesen, ein untrüglicher Gradmesser für Arbeitsteilung und Kommerzialisierung, war bereits im 14./15. Jahrhundert voll entwickelt. Allerdings war der Grad der Kommerzialisierung der deutschen Wirtschaft im Spätmittelalter von modernen Verhältnissen noch weit entfernt, und daran änderte sich auch im 16. Jahrhundert nicht allzuviel, obwohl die Marktverflechtungen schon allein aufgrund der steigenden Bevölkerungsdichte und der damit einhergehenden, wenn auch nur langsamen Urbanisierung zweifellos zunahmen.

Unterschiedliche Reichweite der Handelsbeziehungen

Marktbeziehungen manifestierten sich auf verschiedenen Ebenen, je nachdem, ob es sich um lokalen, regionalen oder überregionalen Austausch handelte. Zum lokalen Austausch gehörte etwa der innerstädtische und der auf das unmittelbare Umland der Städte und Märkte beschränkte Handel, zum regionalen Austausch soll hier der darüber hinausgehende Handel innerhalb Deutschlands gezählt werden, während der mit anderen europäischen und mit außereuropäischen Ländern abgewickelte Handel als überregionaler Austausch oder – im modernen Sinn – als Außenhandel gelten soll. Allerdings kann diese Unterscheidung in einer Zeit, da es keine Grenzzölle, sondern statt dessen eine Fülle von punktuellen Zöllen und statt eines deutschen Staates eine Vielzahl von mittleren und kleineren deutschen Fürstentümern gab, lediglich eine relativ willkürliche Hilfskonstruktion zur besseren Strukturierung der vielfältigen Marktbeziehungen sein. Außerdem lassen sich die drei Ebenen des lokalen, regionalen und überregionalen Handels nur schwer und in vielen Fällen überhaupt nicht scharf voneinander trennen.

Quantitative Dominanz des lokalen Handels

Rein quantitativ dürfte der größte Teil aller Marktbeziehungen zum lokalen Austausch gehört haben, obwohl er in den Quellen die wenigsten Spuren hinterließ. Hier ist an die zahlreichen tagtäglich geöffneten Läden des innerstädtischen Handels sowie an die regelmäßigen Wochenmärkte der Städte und vieler Marktorte für den Stadt-Land-Austausch zu denken. Seine Intensität spiegelt sich in der Zahl und der Größe der Städte unmittelbar wider und nahm daher, da zwar nicht so sehr die Zahl, wohl aber die Bevölkerungsmenge der deutschen Städte wuchs, im 16. Jahrhundert zweifellos zu. Von ihm lebten außer den Produzenten selbst die vielen Detailhändler und Krämer mit ihren Gehilfen sowie zahlreiche regelmäßig wie fallweise Beschäftigte der lokalen Transportgewerbe. Unter den größeren oder im 16. Jahrhundert rascher wachsenden Städten sind in diesem Zusammenhang neben den großen Handelsmetropolen vor allem die Residenzstädte der aufstrebenden Territorialstaaten – also etwa München, Dresden oder Berlin – zu nennen. Denn mit dem fürstlichen Hof und dem damit in Verbindung stehenden Adel verfügten sie über eine besonders kaufkräftige Bevölkerungsschicht, die gerade auch den lokalen Handel weit stärker als in anderen Städten zu stimulieren vermochte.

Zunahme des regionalen Handels

Die einen wie die anderen konnten durchaus auch am regionalen Handel partizipieren, der sich zwischen den Städten und zwischen einzelnen Regionen Deutschlands abspielte, indem sie die von den Großkaufleuten vermittelten Waren an die Endverbraucher weitergaben. Daß auch der regionale Handel im 16. Jahrhundert eine Ausweitung erfuhr, zeigt schon allein die allenthalben zu beobachtende Zunahme des Geldumlaufs. Er konnte sich unter anderem der in den verschiedenen Städten zu bestimmter Zeit stattfindenden Jahrmärkte bedienen, bei denen sich auch die Gelegenheit zur Begegnung mit anderen Großhändlern ergab. Allerdings war dies nicht in allen Städten in gleichem Ausmaß möglich. Aus der Vielzahl der Städte, deren Jahrmärkte über den landesüblichen Durchschnitt kaum hinauskamen, ragten immer wieder einige hervor, deren Jahrmärkte weit mehr und aus größerer Entfernung kommende Kaufleute anlockten und die auf diese Weise zu ausgesprochenen Messestädten wurden.

Frankfurt und Leipzig als Messestädte

Die wohl bedeutendsten unter ihnen waren seit dem 14./15. Jahrhundert die Städte Frankfurt am Main und Leipzig, deren Frühjahrs- und Herbstmessen sich gegenseitig ergänzten und Handwerker und Kaufleute aus allen Richtungen anzogen. Beide Messestädte verzeichneten im 16. Jahrhundert einen weiteren Aufschwung, wobei sich Leipzig zum Zentrum des Osthandels entwikkelte und die Frankfurter Messen zwischen 1560 und 1630 ihre höchste Blüte erlebten [133: LÜTGE, Wirtschaftliche Lage, 370]. Nachdem in Frankfurt lange Zeit die ortsfremden Kaufleute dominiert hatten, traten mit dem Zuzug von Glaubensflüchtlingen in der zweiten Jahrhunderthälfte die Frankfurter selbst stärker in den Vordergrund, wodurch das Frankfurter Wirtschaftsleben eine deutliche Belebung erfuhr [128: LERNER, Frankfurt, 181]. Außer dem Austausch der verschiedensten Waren übernahmen die Frankfurter Messen auch die Funktion wichtiger Zahltermine im europäischen Zahlungsverkehr. In Frankfurt, das wie Leipzig von seiner geographischen Lage am Kreuzpunkt wichtiger Handelsstraßen profitierte, trafen sich neben vielen anderen, inländischen wie ausländischen Fernhändlern insbesondere auch die Kaufleute aus der rheinischen Metropole Köln mit jenen des oberdeutschen Handels- und Gewerbezentrums Nürnberg.

Entstehung von Börsen in den Großstädten

Gerade diese und andere Großstädte des damaligen Deutschlands stellten – auch ohne ähnlich bekannte Messen wie in Frankfurt und Leipzig – allein aufgrund ihrer Größe und ihres Wirtschaftspotentials weitere wichtige Anziehungspunkte für deutsche und außerdeutsche Kaufleute dar. Anstatt sich auf bestimmte Wochen im Jahr zu konzentrieren, verteilte sich der Handelsverkehr in ihnen über das ganze Jahr, wofür dann im 16. Jahrhundert anstelle zeitliche begrenzter Messen die dauernde Institution der Börse eingerichtet wurde. Sie reichte in Italien bis ins 14. Jahrhundert zurück, in Deutschland hingegen entstanden die ersten Börsen nicht vor dem Beginn des 16. Jahrhunderts, und zwar zunächst in Augsburg und Nürnberg sowie nach der Jahrhundertmitte auch in Hamburg, Köln und Lübeck [142: MAUERSBERG, Städte, 263]. Die größeren Städte dienten jedoch nicht nur als Treffpunkt auswärtiger Händler, sondern sie beherbergten auch selbst in ihren Mauern zahlreiche Kaufleute, die ihrerseits mit anderen Städten Handel trieben.

Köln

Die vielfältigen Handelsbeziehungen etwa der Kölner erstreckten sich über den Rhein hinaus auf ganz Europa und schließlich – nach den großen Entdeckungsfahrten – bis nach Übersee. Außer mit kölnischen Stoffen und anderen Produkten des Kölner Handwerks handelten sie unter anderem auch mit Stahl, Eisen und Eisenwaren aus der näheren und weiteren Umgebung, die dann vielfach noch mit einer Kölner Herkunftsbezeichnung versehen wurden. Besonders enge Beziehungen bestanden zu Aachen, Frankfurt und den Städten am Oberrhein, zu Augsburg und Nürnberg in Oberdeutschland, zu Leipzig in Mitteldeutschland sowie zu Hamburg und Emden in Niederdeutschland [100: KELLENBENZ, Wirtschaftsgeschichte Kölns, 370 ff.].

Nürnberg

Mit Köln durchaus vergleichbar – wenn auch in seiner überdurchschnittlichen Bedeutung jünger – war Nürnberg, dessen Stellung seit dem ausgehenden 13. Jahrhundert – nach Friedrich Lütge – kaum überschätzt werden kann [135: LÜTGE, Handel, 158 f.]. Wie Köln zeichnete sich Nürnberg durch eine Kombination von umfangreicher gewerblicher Produktion und eigenem Aktivhandel aus, die die Stadt zu einem Exportgewerbe- und Zwischenhandelsplatz von internationalem Rang werden ließ. Nicht weniger als zwölf wichtige Handelsstraßen trafen sich in Nürnberg [108: KELLENBENZ, Wirtschaftsleben, 178]. Nürnberger Kaufleute waren insbesondere auch im hansischen Lübeck vertreten, bevor sie ihre Aktivitäten von der Mitte des 16. Jahrhunderts an – parallel zur allerdings nur relativ abnehmenden Bedeutung Lübecks – immer mehr nach Leipzig,

Breslau und – für den Handel mit Übersee – nach Antwerpen verlegten.

Hamburg

Von der allmählichen, wenn auch keineswegs vollständigen Verlagerung des Welthandels aus dem Mittelmeerraum in den Atlantik profitierten unter den deutschen Städten insbesondere Hamburg und etwas weniger vielleicht Bremen und Emden. Hamburg, das bis zum Beginn des 30jährigen Krieges mit fast 50000 Einwohnern zur bevölkerungsreichsten Stadt in Deutschland aufstieg [44: DOLLINGER, Hanse, 459 f.], kam vor allem die Zuwanderung ausländischer Kaufleute zugute, die vom städtischen Magistrat durchaus gefördert wurde. Die Stadt nahe der Elbemündung erfüllte in mehrfacher Hinsicht die Funktion eines internationalen Umschlagplatzes, für osteuropäisches Getreide und portugiesisches Salz ebenso wie für englisches Tuch und kontinentales wie schwedisches Kupfer. Die Hamburger Börse avancierte zum wichtigsten Treffpunkt der Kaufleute im Norden, die Hamburger Schiffsflotte rangierte hinter der Lübecker an zweiter Stelle, und gemeinsam mit Amsterdam trat Hamburg im 17. Jahrhundert auch das Erbe Antwerpens an [ebd., 460].

Verschiedene Wirtschaftsräume

Die bedeutendsten Handelsstädte, zu denen im Süden des Landes vor allem noch Augsburg zu zählen wäre, können auch als Zentren verschiedener Wirtschaftsräume angesehen werden, zwischen denen sich der regionale Handel im Deutschland des 16. Jahrhunderts abspielte: der niederdeutsche, mit dem hansischen Bereich weitgehend identische Küstenraum im Norden; das niederrheinisch-westfälische, in vielerlei Hinsicht mit den Niederlanden und dem Hanseraum verbundene Gebiet im Westen; der stark nach Italien orientierte ober- und süddeutsche Wirtschaftsraum südlich des Mains und schließlich das östliche Mitteldeutschland [104: KELLENBENZ, Wirtschaftsgeschichte, 263]. Enge und bis ins 16. Jahrhundert hinein wachsende Verbindungen bestanden etwa zwischen dem hansischen und dem oberdeutsch-italienischen Handelsraum, wie sie z. B. in der bereits erwähnten Beteiligung Nürnberger Kaufleute am hansischen Handel in Lübeck oder im allerdings nur vorübergehenden Eindringen des Fuggerschen Kupferhandels in den hansischen Bereich zum Ausdruck kamen. Als Brücken zwischen dem ober- und dem niederdeutschen Bereich fungierten Thüringen und der Frankfurter Raum, wo sich in Erfurt die Straßen von Nürnberg nach Braunschweig und von Frankfurt nach Leipzig und in Frankfurt selbst die beiden Diagonalen von Köln nach Nürnberg und von Lübeck nach Straßburg schnitten. Enge Handelsbeziehungen bestanden auch zwischen den niederdeutschen Ebenen und dem Rheinland, wobei aus den Nordseemarschen vor allem Schlachtvieh und Milchprodukte nach Westen und Südwesten getrieben und gehandelt wurden [3: ABEL, Agrarkrisen, 118; 100: KELLENBENZ, Wirtschaftsgeschichte Kölns, 385].

durch dichtes Verkehrsnetz verbunden

Die einzelnen regionalen Wirtschaftsräume waren über ein dichtes Netz von Straßen zu Wasser und zu Land miteinander verbunden, das Voraussetzung und gleichzeitig auch Folge des wachsenden Binnenhandels war. Allerdings spiegeln die nur geringfügige Erweiterung des bereits seit längerem bestehenden Verkehrsnetzes und die ebenfalls nur bescheidene Verbesserung des Straßenzustandes die insgesamt langsame Zunahme des innerdeutschen Handels wider. Immerhin kam es zu einem weiteren Ausbau des Transportwesens, indem etwa neben individuellen, sowohl haupt- wie nebenberuflich tätigen Fuhrleuten auch große Transportfirmen stärker in Erscheinung traten, die umfangreichere und raschere Transporte durchführen konnten [104: KELLENBENZ, Wirtschaftsgeschichte, 258].

Niedrige Produktivität, aber relativ großer Beschäftigungseffekt des Transportwesens

Innerhalb der einzelnen Verkehrsmittel selbst nahm im 16. Jahrhundert die Kanal- und Flußschiffahrt an Bedeutung zu, wie ganz allgemein die Binnenschiffahrt – wo möglich – dem Straßenverkehr vorgezogen wurde, obwohl sie sich andererseits auch gut ergänzten. Wie gering entwickelt die Binnenschiffahrt jedoch noch war, geht unter anderem daraus hervor, daß in Ermangelung entsprechender Stromregulierungen eine regelmäßige Schiffahrt etwa auf Rhein und Main und somit erst recht auf kleineren Flüssen nur zu Zeiten des Hochwassers möglich war [43: DIETZ, Handelsgeschichte, 3. Bd., 293]. Die Tragfähigkeit der in der Binnenschiffahrt eingesetzten Schiffe war bis ins 17. Jahrhundert hinein noch sehr bescheiden: Ein großes Bamberger Schiff etwa der Zeit um 1500 faßte 50 bis 60 Tonnen, womit allerdings die Kapazität der Straßentransporte, die bei großen, vierrädrigen und von mehreren Pferden gezogenen Wagen lediglich bei 5 bis 10 Tonnen lag, noch immer deutlich übertroffen wurde [ebd., 302 und 335]. Mit anderen Worten, die Arbeitsproduktivität im Transportwesen blieb auch im 16. Jahrhundert ausgesprochen niedrig. Die relativ geringe Frachtkapazität hatte andererseits zur Folge, daß relativ viele Schiffsleute daran beteiligt waren: entlang dem Main etwa lagen mehr als 40 Städte, Märkte und Dörfer, die über eine eigene Schifferzunft verfügten, deren Mitglieder, da sie auch als Holz-, Wein-, Fisch- und Obsthändler tätig waren, zu den reichsten Bewohnern ihrer Gemeinden zählten [ebd., 299].

Regelmäßiges Nachrichtenwesen im 16. Jahrhundert

Neu und in der Tendenz zweifellos die Produktivität des Binnenhandels steigernd war dagegen die Einrichtung eines regelmäßigen Nachrichtenwesens, das die früheren, fallweisen Botendienste allmählich ablöste und offenbar einem wachsenden Bedürfnis der Kaufleute nach besserer und rascherer Kommunikation entsprang. So rief etwa in Süddeutschland eine Reihe bedeutenderer Städte ein gemeinsames Botenwesen ins Leben, das die Region mit einem dichten Nachrichtennetz überzog, das in nördlicher Richtung bis nach Frankfurt und Leipzig reichte [177: SCHREMMER, Entwicklung, 491]. Ein privater Botendienst verband darüber hinaus vornehmlich die Städte Köln, Frankfurt, Straßburg, Augsburg und Nürnberg [142: MAUERSBERG, Städte, 388].

Thurn und Taxis'sche Reichspost

Daneben erfolgte der Aufbau eines gut funktionierenden Nachrichtenwesens parallel zur Herausbildung des habsburgischen Weltreiches im späten 15. und frühen 16. Jahrhundert. 1505 wurde von der damit betrauten Familie Taxis eine Reichspostlinie zwischen Innsbruck und Brüssel eingerichtet, und seit 1516 wurde ein regelmäßiger Postdienst zwischen Wien und Brüssel betrieben [ebd.]. Trotz zum Teil heftigen Widerstandes einzelner Städte zog die kaiserliche Post einen immer größeren Teil auch des privaten Postgeschäftes an sich, obwohl sie auf der anderen Seite die Errichtung von von ihr unabhängigen Postlinien speziell für den Großhandel anregte. Reichspostämter bestanden zunächst in Augsburg und Rheinhausen bei Speyer, seit 1577 in Köln und erst seit den 90er Jahren des Jahrhunderts auch in Frankfurt; Stützpunkte privater Linien seit den 40er Jahren in mehreren deutschen Großstädten [43: DIETZ, Handelsgeschichte, 3. Bd., 345 ff.].

5. Internationaler Fernhandel

Regionale Verschiebungen im internationalen Handel

Über diese Großstädte des damaligen Deutschland lief schließlich auch der Großteil des internationalen Handels. Obwohl oft spektakulärer und daher in der Regel besser überliefert als der lokale und regionale Handel, dürfte der Außenhandel auch im 16. Jahrhundert – wie heute – nur den kleineren Teil der gesamten Handelstätigkeit der deutschen Wirtschaft ausgemacht haben. Veränderungen lassen sich im Außenhandel des 16. Jahrhunderts gegenüber früheren Jahrhunderten eher in regionaler als in struktureller Hinsicht beobachten, da sich an der Zusammensetzung der wichtigsten Handelsgüter insgesamt weniger änderte als im geographischen Verlauf der großen Warenströme. Allerdings waren auch bei letzteren die Veränderungen eher relativer als absoluter Natur, da das Handelsvolumen als solches – von wenigen Ausnahmen abgesehen – wohl in allen Regionen wuchs. So wird etwa im Falle der traditionellen Hansemetropole Lübeck vielfach von einer Stagnation oder sogar von einem Bedeutungsverlust gesprochen, der sich bei genauerem Hinsehen jedoch – wenn überhaupt – als lediglich relativ erweist, legten doch im Lübecker Hafen gegen Ende des 16. Jahrhunderts mindestens dreimal so viele Schiffe an wie hundert Jahre zuvor, und auch der lübische Handel verdoppelte sich in diesem Zeitraum noch einmal [44: DOLLINGER, Hanse, 465 f.].

Relative Schwerpunktverlagerung vom Mittelmeer zum Atlantik

In relativer Hinsicht hatten die Entdeckungsfahrten seit dem späten 15. Jahrhundert, und zwar zunächst speziell die Erschließung des direkten, das Mittelmeer umgehenden Seeweges nach Ostasien, tatsächlich eine gewisse Schwerpunktverlagerung zur Folge. Die relative Bedeutung des europäischen Nordwestens und des Atlantikhandels nahm gegenüber dem transalpinen Austausch mit dem Mittelmeerraum zu, ohne jedoch dessen weiteres absolutes Wachstum vorerst verhindern zu können. Die konzentrierte Nachfrage in den Niederlanden stimulierte zum einen die Verbindung mit der Iberischen Halbinsel, wo die Portugiesen im weltweiten, gewinnträchtigen Gewürzhandel zunächst die Italiener ablösten, bevor sie ihrerseits gegen Ende des Jahrhunderts von den Niederländern selbt verdrängt wurden, zum anderen aber führte sie zur Expansion des bereits erwähnten Handels mit Osteuropa, über den das Defizit an eigener Nahrungsmittelproduktion ausgeglichen wurde.

Beteiligung der Deutschen am Atlantikhandel

Von diesem sich von Lissabon bis Danzig erstreckenden und rasch wachsenden Fernhandel profitierten auch deutsche Kaufleute und Reeder, nahm doch laut Lütge trotz wachsender Konkurrenz der Niederländer und dann auch der Briten der relative Anteil der den Sund passierenden Schiffe in deutschem Besitz im Laufe des 16. Jahrhunderts von 20 auf 23,5 Prozent zu [130: LÜTGE, Sozial- und Wirtschaftsgeschichte, 294]. Zwar wurde die deutsche Handelsflotte vielfach für ausländische Auftraggeber eingesetzt, sie blieb jedoch bis ins 17. Jahrhundert hinter der niederländischen die zweitgrößte der Welt [ebd., 295]. Die Haupthandelsgüter waren neben Roggen wie schon früher die russischen Pelze, Wachs, Holz, Asche, Pech, Teer, Hanf, Flachs und Eisen, denen in der Gegenrichtung die ebenfalls traditionellen Tuche aus Flandern, Brabant, Holland und England, französisches und schließlich portugiesisches Salz sowie Weine vom Rhein, aus Aquitanien und aus Portugal gegenüberstanden. Die hansischen Exporte auf die Iberische Halbinsel bestanden insbesondere aus Fisch und Getreide sowie aus diversen Waren für die spanischen Heere und Flotten, wofür umgekehrt vor allem Salz, Öl, Südfrüchte, Kolonialwaren, Gewürze, Farbhölzer und Zucker eingetauscht wurden.

Orientierung auch der oberdeutschen Handelsmetropolen nach Nordwesteuropa

Die Verlagerung des Welthandels nach Nordwesteuropa bedeutete auch, daß Deutschland einen größeren Teil seiner überseeischen Importe statt aus dem Mittelmeer und über die Alpen nun über die Häfen der Nordseeküste bezog und umgekehrt mehr von seinen Exportprodukten auf diesem Wege expedierte. Dies wiederum hatte zur Folge, daß auf deutschem Boden nicht nur Hamburg und auch Köln zu Hauptverteilern wurden und ihre diesbezügliche Position ausbauten – wobei Köln als Drehscheibe sowohl für den England- und Ostseehandel als auch für den Austausch mit den Niederlanden und sogar mit Italien und der Iberischen Halbinsel fungierte [104: Kellenbenz, Wirtschaftsgeschichte, 268] –, sondern daß sich auch die oberdeutschen Metropolen Nürnberg und Augsburg außer nach Venedig in zunehmendem Maße nach Antwerpen und später nach Amsterdam orientierten. Im Handel mit Venedig waren diese bereits im 15. Jahrhundert an die Stelle von Regensburg getreten, das seit 1506 im berühmten Fondaco dei Tedeschi nicht mehr vertreten war [176: Schremmer, Wirtschaft Bayerns, 156]. Augsburg wie Nürnberg konnten im Unterschied zur fast reinen Transithandelsstadt Regensburg in hohem Maße auf eigene Gewerbeprodukte – Leinen- und Barchentstoffe sowie Eisen- und Metallwaren – zurückgreifen, die sie gemeinsam mit anderen Waren aus Mitteleuropa in Venedig gegen orientalische Güter eintauschten.

Absolutes Wachstum des Handels mit Ost-, Süd- und Westeuropa

In absoluten Zahlen nahm schließlich auch der Handelsaustausch mit Ost- und Südosteuropa sowie mit den westlichen und südwestlichen Nachbarländern Frankreich und der Schweiz zu. Während sich ersterer in hohem Maße über Nürnberg, Leipzig und einige kleinere Städte Ostmitteldeutschlands abspielte, traten als Verteiler im Westen und Südwesten eher die im hier verwendeten Sinn außerdeutschen Städte Straßburg und Basel in Erscheinung [104: Kellenbenz, Wirtschaftsgeschichte, 270]. Aus dem Osten etwa wurden Tausende von polnischen und ungarischen Ochsen durch thüringisch-sächsisches Gebiet und entlang der Donau auf die ost-, mittel- und süddeutschen Fleischmärkte getrieben, während der Norden und im 16. Jahrhundert auch der Westen in zunehmendem Maße dänisches Vieh importierten. Als Gegenfracht lieferte Deutschland diverse Fertigwaren, wobei sich vor allem Nürnberg – ähnlich wie Köln im Westen – zur zentralen Drehscheibe im Ost-West-Handel entwickelte, indem es auch hier neben den Produkten des eigenen Gewerbes vor allem Wollstoffe aus Nordwesteuropa und Leinwand aus dem östlichen Mitteldeutschland vermittelte. Augsburg wiederum widmete sich stärker dem Baumwoll- und Barchentgeschäft, was zum Teil auch für Ulm zutraf, über das in zunehmendem Maße auch Oberpfälzer Eisen an den Oberrhein, in die Schweiz und bis nach Italien gelangte [152: PHILIPP, Eisengewinnung, 206].

E. Resümee

Zusammenfassend bestätigt somit auch die Entwicklung des Binnen- und des Außenhandels das bereits aus der landwirtschaftlichen wie der gewerblichen Produktion gewonnene Bild. Es steht außer Zweifel, daß die deutsche Wirtschaft, allein schon aufgrund der Bevölkerungszunahme, im 16. Jahrhundert weiter wuchs. Mit der damit einhergehenden Verdichtung der Besiedlung nahm auch der Austausch innerhalb Deutschlands zu, wenn auch der Urbanisierungsgrad nur geringfügig anstieg. Da sich die Bevölkerung in anderen Teilen Europas ebenfalls vermehrte, mußte fast zwangsläufig auch der Außenhandel eine weitere Steigerung erfahren. Eine Ausweitung des Handels wiederum kann nur auf der Basis gesteigerter Produktion stattfinden, die – auch das konnte gezeigt werden – im Deutschland des 16. Jahrhunderts tatsächlich erfolgte.

Wenig strukturelle Veränderungen, daher keine entscheidenden Fortschritte in der Arbeitsproduktivität und der Arbeitsteilung

Allerdings bewegte sich das Wirtschaftswachstum noch durchaus in traditionellen Produktionsformen, die sich in Deutschland seit dem Hoch- und Spätmittelalter herausgebildet hatten. Entscheidende, darüber hinausgehende Veränderungen struktureller Art lassen sich nur vereinzelt nachweisen. Was daher an wirtschaftlichem Wachstum zu konstatieren war, resultierte zum größten Teil aus der Bevölkerungszunahme und nur zum sehr viel kleineren Teil aus einer Steigerung der Produktivität. Weder in der Organisation noch in der Technik kam es zu umfassenden produktivitätssteigernden Veränderungen. Sie beschränkten sich auf gelegentlich zu beobachtende Formen einer intensiveren, über die traditionelle Dreifelderwirtschaft hinausgehenden Bodennutzung, auf die Ausweitung des tendenziell produktivitätssteigernden Verlagswesens, auf die Einführung arbeitssparender und kapazitätserweiternder Verfahren im

Bergbau sowie auf ein dem Warenaustausch förderliches Kommunikationswesen – Erscheinungen, die allerdings nur den deutlich kleineren Teil der deutschen Wirtschaft betrafen. Größere Veränderungen in der Produktivität wären jedoch ihrerseits Voraussetzung für eine raschere Intensivierung der Arbeitsteilung gewesen, die sich daher ebenfalls in relativ engen Grenzen vollzog, wobei die teilweise Verlagerung der nichtlandwirtschaftlichen Produktion auf das Land neben weiterer Arbeitsteilung auch eine Ausweitung von wenig arbeitsteiligen Formen der Mischökonomie zur Folge hatte.

Kaum Zunahme der Pro-Kopf-Produktion und der Pro-Kopf-Einkommen

Die deutsche Wirtschaft entwickelte sich demnach im 16. Jahrhundert noch eindeutig in vorindustriellen Bahnen. Rein quantitativ wäre es sicher falsch, von einer Stagnation zu sprechen. Strukturell gesehen überwog hingegen zweifelsfrei die Tradition vor dem Fortschritt, von einem „Jahrhundert der Veränderung“ [182: Schulze, Deutschland, 13] kann daher zumindest in der wirtschaftlichen Entwicklung kaum die Rede sein. Die durchschnittlichen Pro-Kopf-Einkommen und damit der Lebensstandard der Deutschen dürften kaum angestiegen sein, wenn sie nicht sogar – wie vermutet wurde und wie im zweiten Hauptabschnitt noch zu diskutieren sein wird – hinter das Niveau des späten 15. Jahrhunderts zurückfielen.

II. Grundprobleme und Tendenzen der Forschung

Je nach der Interessenslage der einzelnen Wirtschaftshistoriker wurden bisher vom 16. Jahrhundert verschiedene Bilder gezeichnet. Die wichtigsten unter ihnen sollen im folgenden aufgezeigt sowie auf ihre Entstehung, ihre Nachwirkung und ihre Berechtigung hin untersucht werden. Dabei wird deutlich werden, welche Aspekte besser, welche weniger gut erforscht sind, wo die Forschung zu einhelligen Ergebnissen gelangt ist oder wo die Meinungen bis heute kontrovers geblieben sind und in welche Richtung daher künftige Untersuchungen gehen sollten.

A. Oberdeutscher Frühkapitalismus

1. Frühkapitalismus bei Sombart

Sombart: Beginn des Frühkapitalismus im 16. Jahrhundert

Schon sehr früh, in den ersten Jahren unseres Jahrhunderts, glaubte man im 16. Jahrhundert mehr als nur vereinzelte Anfänge des kapitalistischen Wirtschaftssystems nachweisen zu können; deshalb wurde und wird die wirtschaftliche Entwicklung dieser Zeit bis heute als frühkapitalistisch bezeichnet. Der Wegbereiter dieser so dominanten Lehrmeinung war W. Sombart. In seiner umfangreichen Untersuchung des modernen Kapitalismus widmete er zwei Halbbände dem „Zeitalter des Frühkapitalismus", das für ihn vornehmlich das 16. bis 18. Jahrhundert umspannte. Unter der Epoche des Frühkapitalismus verstand er „diejenige Wirtschaftsepoche, in der das kapitalistische Wirtschaftssystem neben älteren Wirtschaftssystemen in der Geschichte auftritt und sich (intensiv) aus seinen ersten Anfängen bis zu seiner Vollendung, extensiv bis zur (ungefähren) Alleinherrschaft entwickelt" [187: SOMBART, Kapitalismus, 4]. Während im Mittelalter kapitalistische Elemente nur vereinzelt und noch wenig verbreitet aufgetreten seien, habe mit dem ausgehenden 15. Jahrhundert das europäische und damit auch das deutsche Wirtschaftsleben „den gewaltigen Ruck nach vorwärts in der Richtung der kapitalistischen Produktion erlebt" [ebd., 10].

Unscharfe Charakterisierung des Frühkapitalismus, einseitige Hervorhebung des 16. Jahrhunderts bei Sombart

Eine Kritik an Sombarts Thesen und Überlegungen, die hier im Detail nicht wiedergegeben werden können [zur zeitgenössischen Auseinandersetzung mit Sombart vgl. 33: VOM BROCKE, Sombarts „Moderner Kapitalismus"], wird an zumindest zwei Punkten einsetzen müssen: zum einen an der keineswegs klaren, zu vielfältigen und zum Teil sogar widersprüchlichen Charakterisierung dessen, was er unter Frühkapitalismus versteht; zum anderen an der einfachen Tatsache, daß vieles von dem, was er frühkapitalistisch nennt, entweder ins Mittelalter zurückreicht und somit nicht erst im 16. Jahrhundert begann oder aber späteren Jahrhunderten vorbehalten blieb.

Zur Definition von Frühkapitalismus kaum geeignete Aspekte

Zu den Eigenschaften des Frühkapitalismus gehörten nach Sombart so unterschiedliche Züge wie Freibeutertum, mit Vertragstreue verbundener Bürgergeist, Wirtschaftlichkeit, Fleiß, Sparsamkeit, Gottesfurcht, Scheu vor der Öffentlichkeit, Abneigung gegen gesellschaftliche Veränderungen, würdevolles Auftreten, noch unvollkommener Erwerbsgeist, nicht voll ausgereiftes Gewinnstreben und ein ebenfalls erst unvollständig ausgebildeter ökonomischer Rationalismus [187: SOMBART, Kapitalismus, 25, 30, 33, 36, 53, 60, 62]. So schwer diese Eigenschaften auf einen gemeinsamen, einen Menschentyp eindeutig charakterisierenden Nenner zu bringen sind, so unmöglich ist es – außer für Sombart –, zwischen den insgesamt neun Gründen für einen „beschleunigten Übergang zum Kapitalismus um die Wende zum 16. Jahrhundert" und den sechs „sichtbaren Folgen" einen Zusammenhang zu sehen. Auf der einen Seite stehen:

Unklarer Zusammenhang zwischen den Ursachen

– die Erschließung neuer ergiebiger Silbergruben und Goldfelder in Deutschland und Österreich,
– die mit einer starken Edelmetallzufuhr und einer plötzlichen Vermehrung der ausbeutungsfähigen Sklavenbevölkerung verbundene Entdeckung Amerikas,
– die Erschließung des direkten Seeweges nach Ostindien einschließlich der Verdrängung der Araber aus ihrer Vermittlerfunktion,
– die ersten Auswirkungen der Religionsverfolgungen mit der Niederlassung von Juden und Protestanten in den spanischen Niederlanden,

– der Eintritt der westeuropäischen, im wesentlichen germanischen Völker mit ihrem noch ungebrochenen Tatendrang in die Geschichte,
– die Entstehung bzw. Vollendung der modernen Großstaaten,
– die Entstehung der modernen Heere,
– entscheidende Fortschritte der Technik im Bergbau und in der Verhüttung sowie schließlich
– die Vollendung des Systems der doppelten Buchführung [ebd., 10].

und den Folgen des Übergangs zum Kapitalismus

Daraus resultieren auf der anderen Seite die angeblichen Folgen dieser Veränderungen, nämlich:
– die Ausbreitung des Begriffes der Firma und der geordneten Geschäftsführung,
– der Zerfall des alten Gemeinschaftshandels, an dessen Stelle die Gesamtorganisation der Kaufmannschaft in der Gestalt der Börse trat,
– der Beginn des Niederlagehandels mit Antwerpen als erster immerwährender Messe,
– die Entstehung der kaufmännischen Vertretungsgewerbe,
– die Anfänge des Kollektivbotenwesens (Post) auf internationaler Grundlage und schließlich
– die Anfänge gewerblicher Großbetriebe [ebd., 11].

Frühkapitalistische Merkmale bereits im Mittelalter,

Wie die zuletzt angeführten Punkte nicht nur den Bezug zu den vorstehenden Veränderungen, sondern auch spezifisch „frühkapitalistische", den späteren Kapitalismus vorwegnehmende oder vorbereitende Elemente vermissen lassen, fehlt vielen anderen, ebenfalls als frühkapitalistisch bezeichneten Aspekten die ausschließliche Verbindung mit dem 16. oder den nachfolgenden Jahrhunderten. Wenn Sombart meint, daß ein auf Entlohnung mit Geld basierendes, dem Erwerbszweck dienendes Arbeitsverhältnis eine Grundbedingung des Kapitalismus darstelle, so sind derartige Arbeitsbeziehungen etwa in der Form des Verlagswesens durchaus bereits im Hoch- und Spätmittelalter belegt. Und wenn er glaubt, daß mit der „Abhängigmachung fremder Willen immer schon Ansätze zu einer Neuordnung der wirtschaftlichen Beziehungen im Sinne einer Rationalisierung des Wirtschaftslebens unter dem Gesichtspunkt höchstmöglicher Gewinnerzielung verbunden" gewesen seien [ebd., 5f.], so ist nicht einzusehen, warum dasselbe nicht auch für die unternehmerisch tätigen Wirtschaftstreibenden vor dem 16. Jahrhundert gegolten haben soll. Ebenfalls bereits parallel zur Ausweitung der Geldwirtschaft seit dem Hochmittelalter bereitete sich die „Versachlichung aller ursprünglich persönlich geknüpften und persönlich gefärbten Beziehungen" vor, ein Prozeß, den Sombart gleichfalls erst mit dem Frühkapitalismus im 16. Jahrhundert beginnen lassen will. Nicht anders verhält es sich mit dem im Mittelalter entstandenen „Bürgergeist", der als „methodisch, rational, zweckbedacht" charakterisiert wird, oder mit der Vertragstreue und der Wirtschaftlichkeit des zum Unternehmer aufstrebenden Bürgers. Davon abgesehen, daß es problematisch erscheint, den Bauern, Handwerkern und Grundherren Vertragstreue abzusprechen, bleibt auf jeden Fall festzuhalten, daß es Kaufleute, denen Sombart offenbar diese „Kardinaltugend" vorbehält, auch schon im Mittelalter gab [ebd., 30 f.].

worauf von Sombart selbst verwiesen

An anderer Stelle betont er selbst, wie sehr die mittelalterlichen Wertvorstellungen das frühkapitalistische Handeln bestimmten, etwa wenn der kapitalistische Erwerb aus der Sicht der Spätscholastiker nicht schrankenlos und rücksichtslos werden, sondern auf „irgendwelche sinnvolle Zwecke" ausgerichtet sein sollte, unter denen die „Beschaffung des notwendigen, standesgemäßen Unterhalts noch immer einen bevorzugten Platz einnahm [ebd., 38]", eine Haltung, die laut Sombart durchaus auch die Frühkapitalisten auszeichnete. Sollte jedoch die häufige Erwähnung solcher Ideale in den zeitgenössischen Schriften eher auf das Gegenteil hinweisen, daß sie nämlich in der Praxis weniger gelebt wurden als in der Theorie gefordert und daher immer wieder von neuem eingemahnt werden mußten, so zeigen die wiederholt vorgebrachten Überlegungen eines Scholastikers wie Thomas von Aquin zur Frage etwa des Zinsnehmens oder des gerechten Preises, daß Verhaltensweisen, die gegen die herrschende Ethik verstießen, ebenfalls bereits früher zu beobachten waren.

Unpräzise Charakterisierung des frühkapitalistischen Unternehmers

Der Hinweis auf die ethischen Ideale sollte bei Sombart offenbar dazu dienen, den Frühkapitalismus vom modernen (Hoch-)Kapitalismus abzugrenzen. Dieselbe Absicht verfolgt er, wenn er den frühkapitalistischen Geschäftsstil dadurch charakterisiert, daß – wie weiter oben bereits angedeutet – Gewinnstreben und Erwerbsgeist noch nicht zu vollkommener Reife gelangt sowie der ökonomische Rationalismus und das kapitalistische Verhalten noch schwerfällig, schleppend und langsam geblieben seien; die Geschäfte seien von Männern geleitet worden, die er als „bequemes, geruhsames, gemessenes Geschlecht: steif und mit fast übertriebener Haltung" charakterisiert [ebd., 53]. Abgesehen von der Problematik derartiger Verallgemeinerungen steht wohl außer Zweifel, daß solche Männer, falls es sie überhaupt gab, auch im Mittelalter anzutreffen waren.

und des frühkapitalistischen Unternehmens

Wie dem Mittelalter wird Sombart auch der Gegenwart nicht gerecht, wenn er die Familiengesellschaft als typische Wirtschaftsform der frühkapitalistischen Epoche von der modernen kapitalistischen Unternehmung unterscheidet und dabei übersieht, daß auch in vielen kleineren und mittleren Unternehmen des 19. und 20. Jahrhunderts Familienvermögen und Geschäftsvermögen nicht streng geschieden waren [ebd., 89]. Auch das sogenannte Rentnerideal, das Sehnen nach ruhiger Zurückgezogenheit, sobald es die erworbenen Vermögen erlauben – von Sombart ebenfalls als Zeichen eines noch gering entwickelten kapitalistischen Denkens interpretiert –, läßt sich bis heute beobachten und war somit keinesfalls auf das 16. Jahrhundert beschränkt [ebd., 57 f.]. Umgekehrt trifft für die modernen Managerunternehmen wiederum nicht zu, was er für das Verlagswesen, um es kapitalistisch nennen zu können, verlangt, daß nämlich der Verleger nicht nur Geldgeber, sondern auch Leiter der Produktion ist; denn die kapitalistischen Managerunternehmen des 19. und 20. Jahrhunderts sind gerade dadurch gekennzeichnet, daß Eigentum und Leitung nicht in einer Hand vereinigt sind. Der Zeit des 16. Jahrhunderts voraus war Sombart, wenn er auf die kapitalistische Betriebsform der Manufaktur und der Fabrik verweist, die damals in Deutschland noch kaum entstanden waren, ganz im Unterschied zu den ebenfalls zentral organisierten Bergbaubetrieben, die aber wiederum bereits ins Mittelalter zurückreichen.

„Frühkapitalismus" zur Charakterisierung des 16. Jahrhunderts nicht geeignet

Kurzum, trotz einer Fülle von Beispielen und trotz weitschweifiger Darlegung seiner Gedanken vermag Sombarts Konzept eines im späten 15. Jahrhundert anhebenden Frühkapitalismus nicht zu überzeugen. Sombart selbst wird man zugute halten müssen, daß vielleicht zu seiner Zeit die empirische Basis für eine ausgewogenere Darstellung noch fehlte. Nachdenklich stimmt dagegen, daß seine Thesen nach fast einem Jahrhundert wirtschaftsgeschichtlicher Forschung – von Ausnahmen abgesehen – nicht nur nicht zurückgewiesen, sondern bis heute, wenn auch in modifizierter Form, beibehalten wurden.

2. Oberdeutsche Kapitalisten und Kapitalakkumulation

Augsburg als Zentrum des deutschen Frühkapitalismus

Eine massive und folgenreiche Unterstützung erhielten Sombarts Thesen zunächst durch J. Strieder, der vor allem die großen Vermögen in Augsburg im Detail untersuchte und in ihnen die spezifisch deutsche Ausprägung des Frühkapitalismus zu erkennen glaubte. Das Zentrum des deutschen Frühkapitalismus verlegte er nach Augsburg, seinen Höhepunkt in die zweite Hälfte des 16. Jahrhunderts [199: STRIEDER, Studien; 200: STRIEDER, Genesis; 38: DEININGER, Augsburg].

Er rückte damit die oberdeutschen Handelshäuser in den Vordergrund des Interesses, mit der Folge, daß sie lange Zeit das Bild von der deutschen Wirtschaft im 16. Jahrhundert bestimmten. Insbesondere ihr Ausgreifen in den Montanbereich schuf nach Strieder den Typ der kapitalistischen Großunternehmung, wie sie außer im Bergbau und im Erzhandel nirgendwo sonst in dieser Form entstanden sei. Die Quellen der dafür notwendigen Kapitalakkumulation sieht er allerdings weder im Bergbau selbst noch – wie Sombart – in der ländlichen Grundrente, sondern – und wohl zu Recht – im Handel. Die Träger des Großhandels waren – in Deutschland ebenso wie in den außerdeutschen Zentren des Frühkapitalismus – meist „Emporkömmlinge“ aus den Kreisen der Handwerker und der Kaufleute, während die aus dem Landadel stammenden Familien in der Geschichte zumindest des Augsburger Kapitalismus keine Rolle spielten.

Handel als Hauptquelle der Kapitalakkumulation

Obwohl die Frage nach der ursprünglichen Kapitalakkumulation inzwischen zugunsten des Handels entschieden wurde, scheint es aus erkenntnistheoretischen Gründen angebracht, sie an dieser Stelle noch einmal kurz aufzugreifen. Schon vor Sombart hatte die Meinung vorgeherrscht, die großen Vermögen des 15. und 16. Jahrhunderts in Oberitalien und Oberdeutschland wären aus Handels- und Kreditvermögen entstanden. Sombart hob dann die Grundrenten der städtischen und ländlichen Grundeigentümer als Quelle der Kapitalvermögen hervor; diese hätten sie in der Folge im Handel und im Kreditwesen investiert. Diese Version stieß jedoch auf heftige Kritik, so daß Sombart sie später modifizierte und nunmehr auch andere Quellen für die ursprüngliche Bildung des Kapitals akzeptierte. Allerdings schränkte er ein, daß es sich beim Warenhandel, der Geldleihe und beim Handwerk um Formen einer lediglich abgeleiteten, nicht originären Vermögensbildung handelte, da sie aus dem Verkehr mit Leuten resultierte, die ihren Reichtum eben wiederum aus der Grundrente bezogen [123: KULISCHER, Wirtschaftsgeschichte, 396 ff., nach Sombart und anderen].

Quellen der Wertschöpfung

Sombart schneidet hier ein Problem an, das auch schon andere Theoretiker beschäftigt hatte, nämlich die Frage, ob die Landwirtschaft als einzige oder auch nur als vorrangige Quelle der Wertschöpfung zu gelten habe. Sicher ist es richtig, daß erst eine den eigenen Bedarf übersteigende landwirtschaftliche Produktion den Bauern oder den Grundherren jene Kaufkraft verlieh, die ihrerseits Handwerk und Handel ermöglichte und lohnend erscheinen ließ. Umgekehrt können die landwirtschaftlichen Überschüsse erst dann von den nichtbäuerlichen Bevölkerungsgruppen erworben werden, wenn auch sie einen Wert schaffen, den sie als Gegenleistung anbieten können, sei es, daß es sich um ein gewerblich-materielles Produkt, sei es, daß es sich um eine immaterielle Dienstleistung handelt. Letztlich besteht der Inhalt einer arbeitsteiligen Wirtschaft – dies sollte in diesem Zusammenhang betont werden – darin, daß von den einzelnen Wirtschaftssubjekten Werte geschaffen werden, die gegen andere, ihnen notwendig oder wünschenswert erscheinende Werte eingetauscht werden können, Werte, die in einer wenig arbeitsteiligen Wirtschaft entweder selbst hergestellt oder aber entbehrt werden müßten.

Kapitalbildung aus Gewinnen; Kapitalinvestitionen

Um jedoch auf die hier interessierende Fragestellung zurückzukommen, würde dies bedeuten, daß im Prinzip überall dort, wo durch den Tausch Gewinne erzielt wurden, Kapital geschaffen wurde, das investiert werden konnte. Implizit kommt dies auch bei J. Kulischer zum Ausdruck, wenn er als kapitalbildende Faktoren neben Raub und Piraterie den Grundbesitz, den Warenhandel, die Geldleihe, die Plantagenwirtschaft in der Levante und speziell im 16. Jahrhundert den Edelmetallbergbau nennt [ebd., 397]. Er versucht offenbar, zwischen der Sombartschen Auffassung und den ihr widersprechenden Meinungen einen Kompromiß zu finden, den er mit einigen Beispielen besonders großer Vermögen untermauert. Für Oberdeutschland kommt jedoch auch Kulischer nicht umhin, in erster Linie Handel und Gewerbe für die dortige Kapitalbildung verantwortlich zu machen, wenn auch im Sinne Sombarts als abgeleitete Form. Die geschichtliche Erfahrung hat jedoch gezeigt, daß ganz allgemein sowohl die Kapitalbildung als auch die Kapitalinvestition – sei es aufgrund günstigerer Tauschverhältnisse, sei es aufgrund unterschiedlicher Motivationen – bei den Kaufleuten in sehr viel stärkerem Ausmaß zu beobachten waren als bei den meist adeligen Beziehern von Grundrenten.

Wenn man – wie Strieder – fast nur die montanindustriellen Großunternehmer, da sie entwicklungsgeschichtlich weit über die Verleger, die „Dirigenten von Hausindustriellen", hinausragten, als Stammvater und mittelalterliche Vorläufer der modernen Industriekapitäne gelten läßt [200: STRIEDER, Genesis, 120f.], ist es zweifellos richtig, daß dieser Typ von Frühkapitalisten im 16. Jahrhundert besonders auffällig in Erscheinung trat. Allerdings würde man dem Kapitalismus kaum gerecht werden, wollte man ihn auf die relativ wenigen Großkapitalisten im Montanbereich einengen; zu gering war die gesamtwirtschaftliche Bedeutung von Bergbau und Verhüttung, zu kurzlebig waren ihre Blüte und die im 16. Jahrhundert in ihnen angelegten Vermögen, um in ihnen die entscheidenden Wegbereiter des modernen Kapitalismus zu sehen.

Begrenzte Breitenwirkung montanindustrieller Großunternehmer

Verlag als Vorläufer moderner Industrieunternehmen

Obwohl die Lohnarbeiter der frühen Montan- und Hüttenindustrie infolge ihrer Zusammenfassung in einem konzentrierten Betrieb vielleicht eher mit den modernen Fabrikarbeitern zu vergleichen sind als die verlegten Handwerker oder Heimarbeiter, so muß doch der Verlag mit seiner standardisierten Massenproduktion, mit der Trennung von Arbeit und Kapital und mit seinen Abhängigkeitsverhältnissen als mindestens ebenso wichtiger Vorläufer des modernen Industrieunternehmens gelten. Der Verlag beschäftigte insgesamt nicht nur mehr Menschen als der Montanbereich, sondern führte in der Folge auch unmittelbarer an die frühen Industrie- bzw. zunächst noch Manufakturbetriebe des 18. und 19. Jahrhunderts heran.

3. Das Konzept des Frühkapitalismus in der Gegenwart

Nachwirkungen der Sombartschen und Striederschen Thesen bei Treue,

Dennoch beeinflußte die Striedersche Hervorhebung der oberdeutschen Montanunternehmen ebenso wie das Sombartsche Konzept des Frühkapitalismus auch Teile der jüngeren deutschen Geschichtsschreibung. W. Treue etwa verwendet im Gebhardtschen Handbuch der Deutschen Geschichte den Begriff des Frühkapitalismus für das hauptsächlich bürgerliche Unternehmertum in Süd-, West- und Nordwestdeutschland. Angeregt durch große italienische Vorbilder sei es zunächst allen Bindungen gegenüber abgeneigt gewesen und habe sich auf individuelle Kraft und Tüchtigkeit sowie auf eine neue, religiös und ethisch begründete Wirtschaftsgesinnung verlassen [213: TREUE, Wirtschaft, 469]. Zu den Bevölkerungsgruppen, bei denen sich der „kapitalistische Geist" entwickelte, zählt Treue außer den städtischen Patriziern, den Handwerkern und den Kaufleuten, sofern sie sich über die Lebensführung und Mentalität des zünftigen Handwerks erhoben, auch die landwirtschaftlichen Großgrundbesitzer und den modernen Staat.

Haussherr

H. Haussherr widmet in seiner Wirtschaftsgeschichte der Neuzeit dem deutschen Montanwesen im 16. Jahrhundert einen übermäßig breiten Raum, modifiziert jedoch Strieders etwas einseitige Gewichtung insofern, als er außer dem Bergbau auch dem Verlagswesen kapitalbildende und proletarisierende Wirkungen zuschreibt, die allerdings an Intensität hinter denen des Montanbereichs zurückgeblieben seien [70: HAUSSHERR, Wirtschaftsgeschichte, 47]. Zur Frage des kapitalistischen Unternehmertums selbst, dessen psychologische Grundlage gerne in Jacob Fuggers Motto „Gewinnen so lange man kann und so viel man kann" gesehen werde, stellt er jedoch zu Recht fest, daß eine solche Haltung im 16. Jahrhundert keineswegs neu gewesen sei, da schon viele gewerbliche und kaufmännische Unternehmer des Mittelalters so gedacht hätten. Fuggers Motto stünde nicht zur Wirtschaftsgeschichte des 13. bis 15. Jahrhunderts im Gegensatz, sondern vielmehr zu dem, was öffentlich bekannt werden durfte und als moralische Lebensregel anerkannt wurde [ebd., 76].

und Bechtel, wo sie allerdings relativiert werden

Wie Haussherr hat auch H. Bechtel in seiner Wirtschafts- und Sozialgeschichte Deutschlands vor allem die relativ wenigen, überdurchschnittlich hohen Kapitalakkumulationen einiger oberdeutscher Handelshäuser im Auge, wenn er vom Frühkapitalismus spricht. Allerdings relativiert er ihre Bedeutung mit dem Hinweis auf ihre Kurzlebigkeit und lehnt es darüber hinaus ausdrücklich ab, den angeblich ungehemmten, fast skrupellosen Erwerbsgeist des 16. Jahrhunderts mit Frühkapitalismus gleichzusetzen [15: BECHTEL, Wirtschafts- und Sozialgeschichte, 291], allerdings aus anderen als den hier angeführten Gründen. Seiner Meinung nach handelt es sich schon deswegen um keinen Kapitalismus im Sinne des 19. Jahrhunderts, weil dabei vorausgesetzt werde, „daß die Kapitalisten ihre Bereicherung der beabsichtigten oder unbeabsichtigten Unterdrükkung und Ausbeutung einer wirtschaftlich schwachen Schicht verdanken" [ebd.].

Ausweitung des Begriffs „Frühkapitalismus" auf das Mittelalter bei Mottek, Lütge und Mauersberg

Nicht ganz so weit gehen H. Mottek und F. Lütge, die in ihren wirtschafts- und sozialgeschichtlichen Gesamtdarstellungen die Existenz frühkapitalistischer Elemente zwar nicht leugnen, diese aber auch in Deutschland bereits früher als erst im 16. Jahrhundert zu orten glauben [146: MOTTEK, Wirtschaftsgeschichte; 130: LÜTGE, Sozial- und Wirtschaftsgeschichte]. Auch für H. Mauersberg sind kapitalistische Erwerbsformen in den bedeutenderen Städten Mitteleuropas schon seit dem 14./15. Jahrhundert nachweisbar, und zwar in der Edel- und Buntmetallgewinnung und ihrer Verarbeitung ebenso wie in der Papierproduktion, in der Leder- und Wollerzeugung [142: MAUERSBERG, Wirtschafts- und Sozialgeschichte, 246]. Im 16. Jahrhundert erlebte die ins Mittelalter zurückreichende Entwicklung lediglich eine Intensivierung, die jedoch für Lütge immerhin so kräftig ausfiel, daß er den Zeitraum zwischen der Mitte des 14. Jahrhunderts und dem Ausbruch des 30jährigen Krieges zwar als eine eigene Epoche betrachtet, ihn aber noch immer in eine Phase vor und eine nach etwa 1500 teilt [130: LÜTGE, Sozial- und Wirtschaftsgeschichte, 276].

Frühkapitalistische Elemente des Mittelalters im 16. Jahrhundert fortgesetzt und verstärkt,

Dennoch bleibt es Lütges Verdienst, die Zäsur um 1500 gegenüber den Einschnitten durch die große Pest und den langen Krieg in ihrer Bedeutung abgeschwächt und das 16. Jahrhundert als geradlinige Fortsetzung dessen gesehen zu haben, was Stadt und Staat schon zuvor zur Entfaltung gebracht hatten [ebd., 274]. Ohne daß sich Lütge direkt auf Sombart bezieht, sind für ihn die wesentlichsten Züge einer neuen Entwicklung bereits im 14. und 15. Jahrhundert sichtbar. Bereits damals kam es zum Ausbau eines Geld- und Kreditwesens, bereits damals auch zur Entstehung von Unternehmungen, bei denen große Erwerbsvermögen unter Übernahme von Risiko eingesetzt wurden. Solche Investitionen ließen ihrerseits neue Vermögen entstehen, die über den traditionellen Rahmen hinauswuchsen.

Trotz einiger neuer Elemente in der zweiten Phase überwogen auch nach 1500 Fortsetzung und Verstärkung der Tendenzen, die bereits in der ersten Phase angelegt gewesen waren. Zu den neuen Elementen zählten nach Lütge etwa die Einführung arabischer Zahlen und einer methodischen Buchhaltung, die beide zu einer rationaleren Geschäftsführung beitrugen, sowie – und dies erinnert doch wieder an Sombart – die angeblich erst jetzt zu beobachtende Durchsetzung einer seelischen Haltung, die gekennzeichnet war durch gesteigertes Erwerbsstreben, Freude am Wagnis, an Macht, an Erfolg schlechthin [ebd., 281]. Doch auch die so charakterisierten Wirtschaftsführer, deren Zahl immer größer wurde, hätten ihre Vorläufer gehabt, so daß auch aus dieser Sicht – und darin kann und sollte man Lütge vorbehaltlos folgen – um 1500 kein Strukturwandel festzustellen ist.

obwohl um Beibehaltung einer gewissen Zäsur um 1500 bemüht

Lütge korrigiert damit nicht nur Sombart und einige der jüngeren deutschen Wirtschaftshistoriker, sondern zum Teil auch sich selbst, hatte er doch noch kurz zuvor von einer Wandlung der volkswirtschaftlichen Struktur im 16. Jahrhundert gesprochen. Zwar sei die Organisation der gewerblichen Produktion durch den Kaufmann – gemeint ist der Verlag – nicht neu gewesen, doch sei sie im 16. Jahrhundert derartig ausgeweitet worden, daß aus der Zunahme des Quantitativen eine Veränderung auch des Qualitativen resultierte. Das wesentlich Neue des 16. Jahrhunderts sei darin zu sehen, daß die gewerbliche Produktion im Verlag unter rationalen Gesichtspunkten neu gestaltet wurde [133: LÜTGE, Wirtschaftliche Lage, 373].

Hervorhebung der europäischen Expansion nach Übersee durch van Dülmen

Um eine klare Abgrenzung des 16. Jahrhunderts vom Spätmittelalter ist auch R. van Dülmen bemüht, wobei er für die Entstehung des grundsätzlich Neuen vor allem die europäische Expansion nach Übersee verantwortlich macht [45: VAN DÜLMEN, Formierung, 11 ff.]. Der bereits im Spätmittelalter zu beobachtende Aufbruch des Handelskapitals, die Vermehrung des Geldumlaufes und die Verbreitung der städtischen Lebensformen selbst hätten „an sich die Grundlage der Gesellschaft noch nicht geändert: Erst als mit der steigenden Bevölkerung und Verstädterung vor allem Westeuropas eine erhöhte Nachfrage nach Massengütern wie eine Ausschöpfung der auf Bedarfsdeckung orientierten feudalen Produktionsweise bei gleichzeitiger Entstehung eines Weltmarktes und damit verbundener Verstärkung des Geldumlaufs stattfand, entwickelte sich eine Dynamik, die zur Formierung des Kapitalismus führte“ [ebd., 12]. Da die Bevölkerung schon vorher stieg und auch die Verstädterung und der Geldumlauf schon zuvor zunahmen, kann die plötzlich einsetzende Dynamik wohl nur auf die Erschließung des Weltmarktes zurückgeführt werden. „Welthandel und Weltmarkt“, zitiert van Dülmen denn auch K. Marx, „eröffnen im 16. Jahrhundert die moderne Lebensgeschichte des Kapitals“ [ebd., 13]. Welche Rolle der Überseehandel für die Entwicklung der europäischen und speziell der deutschen Wirtschaft tatsächlich spielte, wird weiter unten noch zu untersuchen sein.

Kennzeichen des Frühkapitalismus bei Henning,

Auch F. W. Henning kann sich in seiner Darstellung des vorindustriellen Deutschland nicht ganz von Sombart lösen. Obwohl es auch für ihn frühkapitalistisches Denken und Tun etwa im Verlagswesen oder in der ersten Blüte der Silberproduktion bereits im 14. Jahrhundert gab, ordnet er die erste Phase des Frühkapitalismus dennoch dem 15. und 16. Jahrhundert zu [74: HENNING, Deutschland, 217 f.]. Im übrigen reduziert Henning das Wesen des Frühkapitalismus auf Kapitalanhäufung im Produktionsbereich sowie vor allem auf eine erwerbswirtschaftliche, auf Gewinnmaximierung statt auf Rentendenken ausgerichtete Wirtschaftsgesinnung, wobei ersteres vielfach erst die Folge von letzterem war. Auf diese Weise befreit er den Begriff von der verwirrenden Merkmalsvielfalt, die ihm bei Sombart anhaftete, und erweitert gleichzeitig den Kreis der Frühkapitalisten in personeller, räumlicher und zeitlicher Hinsicht weit über die oberdeutschen Montanindustriellen hinaus.

Wehler: eine zu allgemeine Definition

Die von Henning verwendete Konzeption von Frühkapitalismus wäre für H. U. Wehler wiederum etwas gar zu einfach. In seiner Deutschen Gesellschaftsgeschichte, der bislang jüngsten Gesamtdarstellung der deutschen Wirtschafts- und Sozialgeschichte, hält er alle Versuche, den Kapitalismus auf das Gewinnstreben oder den Erwerbstrieb der Menschen zurückzuführen, für gescheitert. Beides habe es seit Vorzeiten gegeben, weshalb sie seiner Meinung nach das Besondere des westlichen Kapitalismus nicht zu erklären vermögen. Profitorientierte Privatunternehmer seien seit jeher nachzuweisen, derart monokausale Behauptungen und amorphe Begriffe blieben im Vorfeld der Probleme stecken. Vielmehr sei es notwendig, die ausschließlich dem Abendland eigentümliche Konstellation von Bedingungen aufzudecken, unter denen sich der spezifisch abendländische Kapitalismus entfalten konnte [216: WEHLER, Gesellschaftsgeschichte, 59].

Allerdings ist dies auch Wehler nicht gelungen. Wie Sombart versucht er, die kapitalistische Geschäftsphilosophie mit einer spezifisch rationalen Gesinnung gleichzusetzen, die durch nüchterne Zweck-Mittel-Überlegungen und die Lösung diesseitiger Aufgaben gekennzeichnet sei. Abgesehen davon, daß eine derartige Gesinnung wohl auch in früheren Jahrhunderten zu allgemein verbreitet war, um damit das spezifisch Kapitalistische zu charakterisieren, reichte sie nach Wehler selbst in die Antike zurück, wodurch sie auch von da her viel von ihrem den modernen Kapitalismus kennzeichnenden Charakter verliert. Wehler ist sich dieser Problematik durchaus bewußt, weshalb er als diese Gesinnung fördernden Faktor den jüdisch-christlichen Monotheismus einführt. Im Appell, sich die Erde untertan zu machen, sei die Entzauberung der Welt als permanente Aufgabe gestellt, durch die Vorstellung von der Gleichheit der Seelen vor dem einen Gott der Individualismus verstärkt und neue Kräfte freigesetzt worden [ebd., 63].

Wie auch immer, zuletzt besteht der Kapitalismus auch bei Wehler aus kaum mehr als einer privaten, gewinnorientierten Marktwirtschaft, wenn er das neuartige ökonomische System des Kapitalismus resümierend als ein System definiert, „das auf weithin selbständig handelnden, vor allem durch Marktbeziehungen verbundenen Wirtschaftsunternehmen auf der Grundlage privaten Besitzes und privater Verfügungsmacht über Kapital beruhte und der Produktion und dem Tausch von Gütern und Leistungen auf Märkten mit dem Ziel, Gewinn zu erwirtschaften, diente“ [ebd., 67].

Auch Wehler: Kapitalismus als private, gewinnorientierte Marktwirtschaft,

Eine solche Definition führt von neuem weit hinter das 16. Jahrhundert in die Zeit des Hochmittelalters zurück, als mit der Verbreitung des Städtewesens und der Geldwirtschaft die Voraussetzungen für eine gewinnorientierte Marktwirtschaft geschaffen wurden. Wehler selbst bezeichnet – und zwar durchaus zu Recht – die Entstehung und Ausbreitung des mittelalterlichen Städtewesens als revolutionäre Entwicklung, als universalgeschichtlichen Wendepunkt – Präludium und Vorbedingung zugleich der Industriellen Revolution des 19. Jahrhunderts [ebd., 42]. Dies hindert ihn jedoch nicht, in Anlehnung an Sombart und Marx an der Wende zum 16. Jahrhundert „wie mit einem gewaltigen Ruck die kapitalistische Ära“ einsetzen zu lassen [ebd., 61] und die Zeit zwischen 1450 und 1550 als Umbruchperiode zu charakterisieren, womit er forschungsgeschichtlich hinter Lütge zurückgreift.

bereits in den Städten des Mittelalters

4. Frühkapitalismus und Protestantismus

Eine weitere, im Zusammenhang mit dem Frühkapitalismus unbedingt zu diskutierende Frage ist die nach der Rolle des Protestantismus, die auch bei Wehler breiten Platz einnimmt. Seit den grundlegenden Überlegungen von M. Weber wird den Protestanten eine ausgeprägte Disposition zu kapitalistischem Denken und Tun zugeschrieben, die den Katholiken eher gefehlt habe. Der asketische Protestantismus – meint etwa auch J. Kulischer – habe dem Erwerb von Reichtum eine religiöse Grundlage gegeben und ihn nicht nur gestattet, sondern sogar geboten, während zuvor von der kanonistischen Lehre der Handel als nicht zu vermeidendes Übel angesehen worden sei [123: KULISCHER, Wirtschaftsgeschichte, 409]. Luxus und Vergnügungssucht seien verpönt, das Geschäft dagegen verklärt worden. In der protestantischen Askese seien der Konsum eingeschränkt, das Erwerbsstreben entfesselt und somit die Kapitalbil-

Kapitalistische Disposition des Protestantismus (Weber) von Kulischer u. a. betont,

dung durch asketischen Sparzwang möglich gemacht worden. Geradezu idealisiert wird das Erwerbsstreben – und zwar ebenfalls in Anlehnung an Weber – bei R. Kötzschke in seinen vor und nach dem Ersten Weltkrieg erschienenen Grundzügen der deutschen Wirtschaftsgeschichte bis zum 17. Jahrhundert. „Die aufopferungsvolle Hingabe an die Berufsarbeit, auch an den Beruf, wirtschaftliche Güter ohne Rücksicht auf den eigenen Bedarf und den eigenen Genuß zu schaffen, wodurch erst die sittlichen Eigenschaften geweckt wurden, welche das allgemeinere Aufkommen der Wirtschaftsform der Unternehmung in einem Volke zur Voraussetzung hat", sei „nicht einfach eine Folge der ökonomischen Entwicklung" gewesen, sondern „vornehmlich auf dem Boden der kirchlichen und insbesondere der protestantischen Ethik erwachsen" [115: KÖTZSCHKE, Grundzüge, 173].

dagegen von Lüthy kritisch hinterfragt

Weit weniger unreflektiert als Kulischer, Kötzschke und andere hat sich H. Lüthy mit der Weberschen These auseinandergesetzt. Ihm fiel vor allem auf, daß sich alle Beispiele zur Untermauerung von Webers Theorie auf das 18. und das 19. Jahrhundert beziehen, also zeitlich zu weit von der Reformation entfernt seien, um einen direkten und eindeutigen Zusammenhang zwischen Protestantismus und Kapitalismus herstellen zu können. Demnach könnte aber gerade das hier im Vordergrund stehende 16. Jahrhundert einen idealen Hintergrund für die Überprüfung von Webers Hypothese abgeben. Allerdings betont schon Lüthy – und dies entspricht durchaus der Richtung unserer eigenen Kritik am Frühkapitalismus –, daß die bei Weber angeführten Beispiele kapitalistischen Verhaltens eine Weiterführung dessen darstellten, was in Europa schon vor der Reformation am Ende des Mittelalters angelegt war [136: LÜTHY, „Calvinismus und Kapitalismus", 140]. Völlig zu Recht weist er darauf hin, daß sich die kapitalistischen Organisationsformen auch in der ersten Hälfte des 16. Jahrhunderts in durchaus katholischer Umgebung entwickelten.

Gegenreformation als fortschrittshemmende Bewegung

Wenn dagegen in späteren Jahrhunderten kapitalistische Tätigkeit eher unter Protestanten als unter Katholiken zu beobachten ist, zieht Lüthy daraus den Schluß, daß die Ursache dieses Unterschiedes möglicherweise weniger im Katholizismus als solchem, sondern in einer spezifischen, durch die Gegenreformation geprägten Form des Katholizismus zu suchen wäre. Eine solche Sicht wird auch von Wehler vertreten. Nach ihm habe sich der römische Katholizismus in der Gegenreformation auf eine „Verteidigung der traditionalen agrarisch-kleinstädtischen Welt zurückgezogen, auf Skepsis gegenüber ökonomisch-technologischen Innovationen und obskurantistische Ablehnung der rationalen Wissenschaft“ [216: WEHLER, Gesellschaftsgeschichte, 64]. Zuvor jedoch, im Zeitalter der Reformation, seien – um wieder mit Lüthy zu sprechen – alle Grundlagen der Neuzeit – Kapital, Reichtum, höchste Gewerbe- und Kunstentwicklung, Weltmacht, Welthandel und Seemacht – nahezu Alleinbesitz des katholischen und katholisch gebliebenen Europa gewesen. Außerdem nahmen – dies wird etwa von J. Höffner und zuletzt wiederum von Wehler hervorgehoben – gerade die Reformatoren Luther, Melanchthon, Zwingli und Calvin eine eher traditionalistische Position ein und wandten sich zum Teil massiv gegen die gemeinhin als frühkapitalistisch bezeichneten, monopolistisch-wucherischen Praktiken der großen Handelshäuser, die sie scharf verurteilten [78: HÖFFNER, Wirtschaftsethik, 52; 216: WEHLER, Gesellschaftsgeschichte, 63]. Was immer daher von der Weberschen These zu halten sein mag – das letzte Wort ist sicher noch lange nicht gesprochen –, für das 16. Jahrhundert jedenfalls ist sie ohne Bedeutung.

5. Wirtschaftsethik und Wirtschaftspolitik

Einfluß der Ethik auf das Wirtschaftsverhalten ungewiß

Dies soll jedoch nicht heißen, daß die Wirtschaftstreibenden des 16. Jahrhunderts gewissermaßen im luftleeren Raum agierten und von den ethischen Vorstellungen der Zeit völlig unbeeinflußt waren. Wie sehr oder wie wenig dies der Fall war, ist zwar eine interessante, aber wohl kaum eine mit letzter Sicherheit zu beantwortende Frage. Zu spärlich sind die Quellen, um zu erfahren, ob und wie die Lehren etwa der Scholastiker auf das Wirtschaftsleben des 16. Jahrhunderts einwirkten. Allein die wiederholte Kritik an Praktiken, die von den Scholastikern abgelehnt wurden, könnte vermuten lassen, daß sich weite Kreise der Wirtschaft nicht an deren Forderungen hielten. Letztlich dürfte es jedoch – zu diesem Schluß gelangt F. Blaich in seiner Studie über die Wirtschaftsgesinnung des frühkapitalistischen Unternehmers in Oberdeutschland – nicht möglich sein, anhand bestimmter historischer Vorfälle allgemeingültige Aussagen über die Wirtschaftsgesinnung frühkapitalistischer Unternehmer zu treffen, da die Geschäftspraktiken der einzelnen Firmen beträchtlich voneinander abweichen konnten [18: BLAICH, Wirtschaftsgesinnung, 281].

Gefahr vorschneller Verallgemeinerungen

Blaich warnt vor allem vor der Gefahr, gewisse Praktiken, die an sich positiv zu werten seien, wie z. B. die Bereitstellung von Krediten oder der spekulative Handel, nur wegen dabei auftretender Mißbräuche negativ zu beurteilen. Außerdem waren es – auch dies gilt es zu berücksichtigen – gerade die Mißbräuche, die als nicht alltäglich angeprangert wurden und daher häufiger überliefert sind als das Alltägliche [ebd.]. Und schließlich war die Gestaltung der Wirtschaft – meint zumindest Höffner – eine weltliche und keine kirchliche Angelegenheit, obwohl auch der wirtschaftlich tätige Mensch nicht völlig ungebunden agieren konnte [78: Höffner, Wirtschaftsethik, 164]. Es scheint daher problematisch, wie W. Boelcke davon auszugehen, daß in Zeiten gesteigerter Religiosität – dazu zählt er das durch Reformation und Gegenreformation gekennzeichnete 16. Jahrhundert – die Energie einer asketisch-religiösen Gesinnung auch dem Wirtschaftsleben zuströmte, wodurch eine dynamische Arbeitsgesinnung entstanden sei, bei der Gottvertrauen und Arbeit die Grundlage individueller Lebenserfüllung gebildet hätten [28: Boelcke, Wirtschaftsgeschichte, 97].

Muß auch die Frage, ob sich die Wirtschaftstreibenden des 16. Jahrhunderts von den ethischen Prinzipien der Zeit leiten ließen oder nicht, vorerst noch offen bleiben, so sollte zumindest darüber Einigkeit erzielt werden, was denn diese ethischen Prinzipien enthielten. Die zwei noch immer konträren Standpunkte finden sich unter anderem bei Lüthy und Höffner. Nach Lüthy beruhte die katholische Scholastik in ihrer Wirtschafts- und Soziallehre völlig auf Aristoteles. Sie habe daher in ihrer Dogmatik stets an der Naturalwirtschaft als der natürlichen, gottgewollten Wirtschaft festgehalten, d.h. an der patriarchalischen, autarken, gutsherrlichen Haushaltungswirtschaft, die bei Aristoteles die Ökonomie schlechthin darstellte. Die Markt- und Tauschwirtschaft hingegen, von Aristoteles als Chrematistik, als Geld- oder Erwerbswirtschaft bezeichnet, sei von ihm verurteilt worden. Mit solchen Vorstellungen, die seit dem Mittelalter in das kanonische Recht Eingang gefunden hätten, entsprach die scholastische Lehre im 16. Jahrhundert längst nicht mehr der Wirklichkeit, in der Handel, städtische Erwerbs- und Marktwirtschaft, Geld- und Wechselverkehr und vieles mehr ihren festen Platz hatten [136: Lüthy, „Calvinismus und Kapitalismus", 153].

Kontroverse Einschätzung der scholastischen Ethik bei Lüthy

und Höffner

Demgegenüber vertrat Höffner bereits einige Jahre vor Lüthy die Meinung, daß der Handel und der Kaufmannsstand von den Scholastikern keineswegs so ablehnend beurteilt worden seien, wie vielfach geglaubt werde. Ganz im Gegenteil, sie hätten die Nützlichkeit und die Unentbehrlichkeit des Handels sehr wohl anerkannt.

Was sie ablehnten, sei nicht der Handel als solcher, sondern die bloße Gewinnsucht gewesen, das Streben nach Reichtum als letztem Ziel. Sie stützten sich in ihrer Preislehre durchaus auf das Spiel zwischen Angebot und Nachfrage, solange es nicht durch Monopole oder Betrug gestört werde. Diese Haltung hatten sie mit den großen Reformatoren der Zeit gemein, die sich ebenfalls gegen hemmungsloses Gewinnstreben, gegen die Monopolisten und gegen unsaubere Machenschaften der Kaufleute aussprachen, wenn sie nicht sogar noch einen Schritt weitergingen und – wie Luther – den Fernhandel ganz allgemein und pauschal kritisierten [78: Höffner, Wirtschaftsethik, 145ff.].

Befürworter gewinnorientierten Handels

Allerdings wäre es falsch zu glauben, daß die Lehren der Scholastik, ganz gleich ob sie den Handel als ganzen oder nur seine Auswüchse ablehnten, die einzigen waren, an denen sich die Wirtschaftstreibenden des 16. Jahrhunderts hätten orientieren können. Im Gegenteil, neben den Schriften der Theologen entstand gerade damals eine Reihe laizistischer Druckwerke, die die Tätigkeit der Kaufleute guthießen und ihnen auf diese Weise helfen konnten, ihr Tun auch moralisch zu rechtfertigen. Der wohl bekannteste Autor aus diesem Lager war der Augsburger Konrad Peutinger, der zu einem der glühendsten Verfechter und Verteidiger nicht nur des Handels, sondern auch der Monopole wurde. Und wenn die Großkaufleute gelegentlich einer ihnen schlecht gesinnten öffentlichen Meinung begegneten, fanden sie auf der anderen Seite die kaum weniger gewichtige und in der Praxis sogar entscheidendere Unterstützung des Kaisers, der sie mehr als einmal gegen die Mehrheit der Reichsstände in Schutz nahm.

Wirtschaftspolitik des Reiches

Allerdings meinte Blaich, dem wir auch dazu eine differenzierte Studie verdanken, daß die gegen die Monopole gerichtete Gesetzgebung des Reiches so ganz erfolglos nicht war, habe sie doch den oberdeutschen Handelskonzernen bei der Ausübung ihrer Marktmacht eine gewisse Zurückhaltung auferlegt [19: Blaich, Wirtschaftspolitik, 261]. Auch bei anderen Fragen der Wirtschaftspolitik des Reiches plädierte Blaich, was ihre praktische Wirkung anlangt, für eine weniger negative Beurteilung. Dem vermeintlichen Interessengegensatz zwischen Kaiser und Reichstag auf der einen und den Reichsständen auf der anderen Seite hält er – wie vor ihm schon F. Lütge – entgegen, daß die meisten wirtschaftspolitischen Agenden im Reichstag weniger vom Kaiser als vielmehr von den Territorialstaaten und Reichsständen selbst ihren Ausgang nahmen [131: Lütge, Reich und Wirtschaft, 11f.]. Vielfach handelte es sich um Angelegenheiten, die schon zuvor Teil der reichsständischen Wirtschaftspolitik gewesen waren, um „von den Reichsständen bereits erprobte Instrumente, denen die parlamentarische Willensbildung im Reichstag Eingang in die Gesetzgebung des Reiches verschaffte“ [19: Blaich, Wirtschaftspolitik, 237]. Sie entsprachen daher durchaus den Interessen zumindest einiger Reichsstände, und wenn sie in der Praxis nicht zum Tragen kamen, dürften die Gründe anderswo als beim Gegensatz zwischen Kaiser und Reichsständen zu suchen sein.

Bemühen um einheitliche Reichswährung

Wenn etwa – um eines der ehrgeizigsten Projekte herauszugreifen – die wiederholten Versuche, eine einheitliche Reichswährung einzuführen, letztlich scheiterten, so lag die Schuld bei den Sonderinteressen der über Erzbergbaubetriebe verfügenden Reichsstände, darunter auch des Kaisers, aber nicht in seiner Eigenschaft als Oberhaupt des Reiches, sondern als Landesherr von Österreich. Im übrigen könne man – so Blaich – die Wirtschaftspolitik des Reichstages im 16. Jahrhundert als Wirtschaftsregelung bezeichnen, bei der es im Unterschied zur Wirtschaftslenkung darauf ankomme, den Empfängern wirtschaftspolitischer Anordnungen Anreize zu einer mehr oder weniger freiwilligen Anpassung zu geben [ebd., 255]. Allerdings beschränkte sich die Wirtschaftspolitik des Reichstages in der Regel auf ein punktuelles Reagieren auf gerade auftretende Mißstände; ein langfristiges Konzept zur Gestaltung künftiger Entwicklungen war nicht zu erkennen.

Territorialstaatliche Finanzwirtschaft

Nicht viel anders verhielt es sich mit der Finanzpolitik des Reiches. Im Unterschied zu den westeuropäischen Nationalstaaten gelang es dem Reich auch im 16. Jahrhundert nicht, eine eigene Finanzwirtschaft zu entwickeln. Eine solche entstand vielmehr in den einzelnen Territorialstaaten, die sich gerade in dieser Zeit verstärkt zu formieren begannen [113: Klein, Geschichte, 3]. Allerdings reichten ihre Einkünfte aus der Grund- und Gerichtsherrschaft sowie aus der Nutzung der Regalien oft nicht aus, um die landesherrlichen Ausgaben für Verwaltung und Kriegführung zu decken, weshalb sie sich immer wieder von Landständen außerordentliche Steuerleistungen bewilligen ließen bzw. bei kapitalkräftigen Kaufleuten und Bankiers gegen Verpfändung landesfürstlichen Besitzes und landesfürstlicher Einnahmen Anleihen aufnahmen [ebd., 4ff.]. Der leichteren Befriedigung der finanziellen Bedürfnisse der Staaten sollten letztlich auch die von den frühen Kameralisten propagierten Versuche einer bewußten, auf die Hebung der Produktivkräfte ausgerichteten Wirtschaftspolitik dienen [ebd., 23]. Nicht „die Verbesserung der wirtschaftlichen Lage der Untertanen", sondern vielmehr „die Mehrung der Macht und der Einkünfte des Fürsten" stand im Vordergrund der territorialen Wirtschaftspolitik des 16. Jahrhunderts [69: HASSINGER, Politische Kräfte, 610].

B. Außenhandel und Montanwesen

1. Niedergang der Hanse

Niedergang oder Aufschwung der Hanse

Ähnlich hartnäckig wie die Vorstellung, daß der Frühkapitalismus an der Wende zum 16. Jahrhundert begonnen habe, hielten sich Meinungen, die die Bedeutung der oberdeutschen Großkaufleute überschätzten und vielfach den Handel anderer Regionen, speziell der Hanse, unterschätzten. Die Ansicht vom Niedergang der Hanse findet sich paradoxerweise – etwa bei P. Dollinger – unmittelbar neben Hinweisen auf einen neuen Aufschwung einzelner Hansestädte [44: DOLLNGER, Hanse]. Diese Diskrepanz erklärt sich wohl daraus, daß nicht scharf genug unterschieden wurde zwischen der Einbuße wirtschaftspolitischer Macht und tatsächlichem Handel und innerhalb davon zwischen absoluter und relativer Entwicklung des Handelsvolumens sowie zwischen prosperierenden und stagnierenden Hansestädten. Während einzelne Handelskontore etwa in Nowgorod, Brügge oder London geschlossen wurden oder verfielen und sich die süddeutsche ebenso wie die nord- und nordwesteuropäische Konkurrenz verstärkte, beteiligten sich hansische Städte und Kaufleute zunehmend am Ost-West-Handel zwischen Atlantik und Ostsee.

Konkurrenz nichthansischer Kaufleute

Den Niedergang der Hanse sieht Dollinger sowohl in den politischen als auch in den wirtschaftlichen Veränderungen der Zeit begründet. Zu ersteren zählt er die Zusammenfassung der Niederlande im Rahmen des burgundischen Herzogtums und die Expansion der moskovitischen Macht, der unter anderem der alte hansische Stützpunkt Nowgorod zum Opfer fiel, zu letzteren das Erstarken der holländischen und der süddeutschen Kaufleute. Der Handel zwischen Rußland und Westeuropa verlagerte sich zusehends in nichthansische Städte in Livland und Finnland, später nach Archangelsk, Polen und Leipzig, und auch der Handel der Stadt Rostock mit Norwegen ging zugunsten dänischer, holländischer und britischer Kaufleute zurück. Die wachsende Konkurrenz der Oberdeutschen wurde unter anderem in der Gründung eigener Niederlassungen zunächst der Nürnberger, dann auch der Fugger in Köln, Lübeck und Danzig sichtbar. Ganz allgemein begegnete man in den Hansestädten – zumindest nach Dollinger – immer mehr auswärtigen Händlern, was den Städten jedoch durchaus zugute kommen konnte.

Ausweitung der hansischen Schifffahrt

So sollen mindestens 80 Prozent des den Sund passierenden Handelsverkehrs – dies fällt bereits in den Bereich der positiven Entwicklungen – von und zu den Hansehäfen zwischen Lübeck und Reval geführt haben. Die Zahl der an diesen Fahrten beteiligten Schiffe soll sich im 16. Jahrhundert verdreifacht, die Zahl der Schiffspassagen sogar von rund 1000 auf über 6000 gesteigert haben [ebd. 449]. Obwohl der Einfluß der Niederländer wuchs – ihr Anteil an den in die Ostsee einfahrenden Schiffen erhöhte sich bis zum Beginn des 17. Jahrhunderts auf über 75% [118: Kriedte, Spätfeudalismus, 60] –, erlebten daher einzelne Hansestädte speziell in der zweiten Hälfte des 16. Jahrhunderts einen neuen Aufschwung. Er wurde begünstigt durch die spanisch-niederländischen Konflikte, die den Hansen den Einstieg in den Handel mit der iberischen Halbinsel erleichterten.

Insbesondere waren es aber die Roggenexporte aus dem Baltikum nach Westeuropa, die sich allein im 16. Jahrhundert fast verfünffacht hätten [44: Dollinger, Hanse, 450] und die zu etwa drei Vierteln über Danzig sowie über Königsberg, Stettin und Riga abgewickelt wurden. Neben Danzig, das trotz einer nur kleinen eigenen Flotte zum Hauptumschlagplatz der Ostsee aufstieg, zog auch Lübeck großen Nutzen aus dem stark expandierenden Handelsvolumen. Es verfügte nach wie vor über die größte Handelsflotte aller Hansestädte, und gegen Ende des 16. Jahrhunderts legten im Lübekker Hafen dreimal so viele Schiffe an wie hundert Jahre zuvor. Noch stärker als in Danzig und Lübeck dürfte der Einfluß zugezogener Kaufleute in Köln und Hamburg gewesen sein, wo sie im einen Fall zu einer vorübergehenden, im anderen zu einer dauernden Belebung der städtischen Wirtschaft beitrugen.

Zwiespältige Entwicklung der Hanse

Partieller Niedergang und neue Blüte schlossen sich also keineswegs aus. Was jedoch für die Entwicklung des hansischen Handelsvolumens im 16. Jahrhundert bis heute fehlt, ist eine abschließende Bilanz der so widersprüchlichen Bewegungen. Denn die zwiespältige Entwicklung der Hanse spiegelt sich auch in anderen Darstellungen zur Wirtschaftsgeschichte Deutschlands im 16. Jahrhundert wider wie etwa in W. Treues Beitrag zu Gebhardts Handbuch der Deutschen Geschichte. Fast sämtliche von Treue angeführten Verfallssymptome beziehen sich auf die wirtschaftspolitische Stellung der Hanse und weniger auf die tatsächliche Handelstätigkeit. Sie standen in engem Kausalzusammenhang mit der politischen Entwicklung des Reiches und der übrigen europäischen Länder. Unter dem Druck der aufstrebenden Territorialstaaten, die unter anderem die aus dem Mittelalter stammende Autonomie der Städte zurückzudrängen suchten, sahen sich seit Beginn des 16. Jahrhunderts immer mehr Städte veranlaßt, sich von der Hanse zu trennen. Auch in Rußland, Skandinavien und England erwiesen sich die ökonomischen Mittel der Hanse gegenüber den modernen, zentralistisch regierten Großmächten letztlich als zu schwach, um die einstige Vorherrschaft in diesen Ländern behaupten zu können. Zu den bekanntesten Beispielen einer antihansischen Politik zählt die massive staatliche Unterstützung, die die englische Regierung ihren eigenen Fernhändlern, den sog. „merchant adventurers“, angedeihen ließ. Sie schwächten nicht nur die Stellung der Hanse auf den britischen Inseln, sondern drangen ihrerseits auf den Kontinent vor, wo sie sich in den 1560er Jahren unter anderem in Emden, Stade und Hamburg niederließen. Neben der Bedrohung von außen nahmen auch innerhalb der Hanse die zentrifugalen Kräfte gegenüber den genossenschaftlichen verstärkt zu, und in manchen Hansestädten trat – zumindest nach Treue – ein eher hemmender Traditionalismus an die Stelle alter Unternehmungslust [213: Treue, Wirtschaft, 438].

Überwiegend negative Beurteilung bei Treue,

Andere Städte wie Hamburg, Bremen, Lübeck, Danzig und Emden vermochten dagegen auch im 16. Jahrhundert – allerdings weniger in politischer als in wirtschaftlicher Hinsicht – zu prosperieren. Ihr Erfolg wird bei Treue etwas relativiert, da er primär als Folge der kriegerischen Ereignisse in den Niederlanden dargestellt wird. Denselben, in der Summe eher negativen Eindruck erwecken Treues Feststellungen, daß die Ostsee samt Lübeck langsam zum Randmeer wurde, daß der hansische Kaufmann seit der Wende zum 17. Jahrhundert international überflüssig wurde oder daß die Hansen zu Frachtfahrern und Kommissionären der Niederländer wurden, obwohl Treue gleichzeitig betont, daß die Schiffahrt der Hansestädte noch um 1550 ihren Höhepunkt erlebte [ebd.].

trotz wirtschaftlicher Prosperität einzelner Hansestädte

Eindeutig positiver fällt die Bilanz bei F. Lütge aus. Klarer als andere unterscheidet er zwischen Politik und Wirtschaft, wobei zwar im politischen, nicht jedoch im wirtschaftlichen Bereich von

Notwendig: Trennung von Wirtschaft und Politik

einem Niedergang der Hanse gesprochen werden könne. Durch den Entzug früherer Privilegien wurden die Hansen schärferer Konkurrenz ausgesetzt, ohne ihrerseits von den deutschen Territorialstaaten oder vom Reich entsprechend unterstützt oder gestärkt zu werden. In rein wirtschaftlicher Hinsicht bedeutete die Zunahme des Atlantikhandels eine potentielle Belebung des West-Ost-Handels, da die neuen Güter von hansischen Kaufleuten in den Ostseeraum weiterverfrachtet werden konnten. Lütge spricht sogar von einer zunehmenden Bedeutung des deutschen Handels über Nord- und Ostsee im 16. Jahrhundert, was er mit konkreten Angaben über den wachsenden Anteil deutscher Schiffe am Sundverkehr zu belegen versucht [130: LÜTGE, Sozial- und Wirtschaftsgeschichte, 291 ff.].

Im Unterschied zu Lütge und eher wie bei Treue steht bei F.W. Henning zumindest der relative Niedergang der Hanse im Vordergrund. Die entscheidenden Ursachen des Niederganges sieht auch er darin, daß die Territorialstaaten erstarkten, daß die Macht des Ordens sank, daß die Selbständigkeit der niederländischen Städte zunahm und daß die ohnehin nie feste innere Organisation zerbrökkelte.

Ein stärkerer Verdrängungsprozeß im Ost-West-Handel wurde nach Henning dadurch vermieden, daß die Niederländer und Engländer vorerst im wesentlichen nur den Zuwachs am Verkehrsaufkommen an sich zogen und außerdem die deutschen Schiffseigner als Spediteure beschäftigten [74: HENNING, Deutschland, 193 f.].

Etwas weniger differenziert als bei Lütge fällt das Urteil auch bei H. Kellenbenz aus. Zwar betont Kellenbenz unter Hinweis auf die Zunahme deutscher Schiffe im Sundverkehr, daß der politische Niedergang der Hanse in wirtschaftlicher Hinsicht keine Parallele fand [104: KELLENBENZ, Wirtschaftsgeschichte, 293], er hält jedoch gleichzeitig an der Meinung fest, daß die Hanse im Außenhandel in zunehmendem Maße von den Kaufleuten der Nationalstaaten be- und verdrängt worden sei und daß Lübeck im Unterschied zu Hamburg von der Verlagerung des Welthandels nach dem Westen nicht profitiert, sondern dadurch starke Einbußen erlitten hätte [ebd., 265 und 268]. Den angeblichen Niedergang der alten Hansemetropole Lübeck versucht J. Schildhauer mit konkreten Angaben über die Herkunft der Schiffe zu belegen, die den Danziger Hafen anliefen: Noch 1475 stammten sie zu 25 Prozent, 1583 nur noch zu 2,9 Prozent aus Lübeck, während der entsprechende Anteil der niederländischen Schiffe von 24 auf über 45 Prozent anstieg; allerdings betreffen diese Werte eben lediglich den Verkehr mit Danzig, sagen jedoch nichts über die sonstigen Handelsbeziehungen der Lübecker aus [171: SCHILDHAUER/FRITZE/STARK, Hanse, 242 f.].

Resümierend kann festgehalten werden, daß zwar die anfangs vorherrschende Meinung vom Niedergang der Hanse im 16. Jahrhundert inzwischen abgeschwächt und statt dessen in stärkerem Maße auf die nicht zu übersehenden Aufschwungstendenzen hingewiesen wurde [vgl. auch 58: GLAMANN, Handel, 281]. Dennoch bedürfte es für ein abschließendes Urteil einer eigenen, an ganz bestimmten Fragestellungen orientierten Analyse der Entwicklung der Hanse im 16. Jahrhundert, in der politische und wirtschaftliche, absolute und relative, gesamthansische und einzelstädtische Aspekte schärfer getrennt und miteinander sowie mit den Verhältnissen vor dem 16. Jahrhundert verglichen würden.

2. Verlagerung des Welthandels

Deutschlands Rolle im Welthandel

Mit der Stellung der Hanse ist die ebenfalls in der Forschung wiederholt diskutierte Frage unmittelbar verbunden, was die Verlagerung des Welthandels bedeutete, die infolge der großen Entdekkungsfahrten seit dem späten 15. Jahrhundert eintrat. Obwohl Deutschland an den überseeischen Expeditionen nur marginal bis gar nicht beteiligt war, wurde seine Position im internationalen Handel davon ohne Zweifel tangiert. Gerade in der Frage, wie sehr dies tatsächlich der Fall war, gehen die Meinungen zum Teil auseinander.

Im einzelnen stehen insbesondere zwei Aspekte im Vordergrund: zum einen die Rolle Deutschlands bei der Vermittlung orientalischer Produkte, die bis zum 15. Jahrhundert hauptsächlich über das Mittelmeer, seit der Erschließung einer direkten Verbindung mit Ostindien in zunehmendem Maße über die Atlantikhäfen nach Europa gelangten; zum anderen der Einfluß des Handels mit Amerika auf die Entwicklung der deutschen Wirtschaft. Zunächst lag es nahe, aus dem wachsenden Engagement der Portugiesen im Asienhandel darauf zu schließen, daß sich der Schwerpunkt des Orienthandels vom Mittelmeer an den Atlantik verlagerte und daß deshalb die transalpine, vorwiegend von Deutschen getragene Vermittlung zwischen dem Mittelmeerraum und dem Europa nördlich der Alpen zurückging.

Unterschiedliche Einschätzung bei Treue

In dieser Weise schätzte wiederum Treue die Lage ein, daß nämlich Deutschland mit den Entdeckungen um 1500 in eine seewirtschaftliche Randlage geraten sei, da sich die Welt nicht mehr um das Mittelmeer, sondern um den Atlantik zentrierte; wie die Ostsee sei auch das Mittelmeer langsam zu einem Randmeer geworden [213: TREUE, Wirtschaft, 437]. Als Folge davon hätte der deutsche Handel während des 16. Jahrhunderts starke Einbußen erlitten [ebd., 469], wofür als Ursachen neben der Abnahme des Italienhandels und dem schon erwähnten Rückgang des hansischen Handels auch die türkischen Eroberungen im Osten und die spanische Herrschaft über den südlichen Teil Italiens genannt werden. Durch die Randlage und seine staatlich-territoriale Parzellierung seien Deutschlands Kraft und Bedeutung geschwächt worden [ebd., 437].

und Kötzschke, Häpke und Lütge

Gegen eine derartige, eher pessimistische Einschätzung der deutschen Wirtschaft im 16. Jahrhundert hatte sich bereits in den 1920er Jahren neben R. Kötzschke auch R. Häpke gewandt, indem er die positiven Aspekte stärker in den Vordergrund rückte [115: KÖTZSCHKE, Grundzüge, 175]. Deutsche Kaufleute, Handwerker und Soldaten habe man in ganz Europa antreffen können, und auch in Deutschland selbst sei die Wirtschaft von einer „hochgesteigerten Rührigkeit" gekennzeichnet gewesen. Unter Hinweis auf die Verbreitung des Verlagswesens glaubte er, von einer ersten Industrialisierung Deutschlands im 16. Jahrhundert sprechen zu können [65: HÄPKE, Gedanke, 357].

In jüngerer Zeit war es einmal mehr F. Lütge, der die Meinung in Zweifel zog, Deutschland sei durch die Verlagerung des Welthandels benachteiligt worden. Zwar seien tatsächlich immer mehr Güter aus Asien über Lissabon und Antwerpen gehandelt worden, doch sei der alte Landweg von Venedig über Nürnberg im 16. Jahrhundert noch durchaus konkurrenzfähig geblieben, und sogar bis selbst nach Antwerpen. Für die Versorgung mit Orientwaren, speziell Gewürzen, habe sich zwischen Nürnberg und Antwerpen eine Art umkämpfte Zone herausgebildet, in der je nach Transportkosten mal diesem, mal jenem Handelsweg der Vorzug gegeben worden sei. Darüber hinaus sei der Handel mit Venedig sogar noch erweitert worden, da die früher aus dem Schwarzmeergebiet über Land nach Osteuropa verfrachteten Güter nun ebenfalls in die Lagunenstadt und von dort über Nürnberg an ihre Bestimmungsorte gelangt seien. Außerdem hätten es die oberdeutschen Kaufleute verstanden, Verluste im Handel mit Venedig zumindest teilweise dadurch zu kompensieren, daß sie sich verstärkt auf Antwerpen ausrichteten [130: LÜTKE, Sozial- und Wirtschaftsgeschichte, 290]; dies werde etwa durch die Fuggerschen Kupferlieferungen sichtbar, die seit Beginn des Jahrhunderts in zunehmendem Maße statt für Venedig für Antwerpen bestimmt waren [118: KRIEDTE, Spätfeudalismus, 46f.]. Im Barchent-, Gewürz- und Buntmetallhandel erreichten die Oberdeutschen in Antwerpen angeblich sogar eine monopolartige Stellung. Und schließlich verdankte eine Großstadt wie Hamburg ihren Aufschwung im 16. Jahrhundert in hohem Maße dem Atlantikhandel, dessen Bedeutung für Hamburg vielleicht mit der Rolle des Italienhandels für Nürnberg verglichen werden könnte. Im Unterschied etwa auch zu Mottek, für den Deutschland aufgrund der geänderten Konstellation seine führende Stellung einbüßte, die es angeblich bis zum Beginn des 16. Jahrhunderts innegehabt habe [146: MOTTEK, Wirtschaftsgeschichte, 252f.], behielt es für Lütge trotz der geographischen Verlagerungen im Welthandel seine Funktion als europäische Zentrallandschaft in wirtschaftlicher Hinsicht bei.

3. Überseehandel und deutsche Wirtschaft

Warnung vor einer Überschätzung des Handels mit Übersee bei Lütge

Aber nicht nur hinsichtlich einer etwaigen Verdrängung deutscher Kaufleute aus dem internationalen Handel, auch hinsichtlich der Bedeutung des Überseehandels für den deutschen Handel überhaupt warnte Lütge vor einer Überschätzung. Zum einen betrachtete er die großen Entdeckungsfahrten des späten 15. und frühen 16. Jahrhunderts lediglich als Fortsetzung früherer Entdeckungs- und Abenteuerfahrten, zum anderen sah er im Überseehandel für lange Zeit nur eine Ergänzung des sehr viel umfangreicheren innereuropäischen Handels. Allein der Verkehr zwischen Nord- und Ostsee machte ein Vielfaches des überseeischen Transportes aus, standen doch den über 6000 Schiffen, die jährlich den Sund passierten, noch gegen Ende des 16. Jahrhunderts kaum mehr als 300 Schiffe gegenüber, die nach Amerika und Ostasien fuhren [130: LÜTGE, Sozial- und Wirtschaftsgeschichte, 282 und 294]. Es scheint daher vielleicht etwas übertrieben, mit Henning von einer erheblichen Erweiterung des Warenaustausches durch die Entdeckung der Seewege nach Amerika und Ostasien zu sprechen [74: HENNING, Deutschland, 16], und zwar um so mehr als Henning selbst in anderem Zusammenhang auf die relativ geringe Bedeutung des überseeischen Handels für das Handelsvolumen Europas hinweist und dies auch mit Zahlen belegt: Demnach wurden in der zweiten Hälfte des 16. Jahrhunderts aus Amerika, Afrika und Asien zusammen pro Jahr Waren im Wert von lediglich etwa 320 t Silber nach Europa verfrachtet, während im innereuropäischen Handel zwischen 15000 und 20000 t Silber umgesetzt wurden [ebd., 186f.].

Lütge nennt auch einen der Hauptgründe für die Überschätzung des außereuropäischen Handels: „Das Sensationelle dieser Entdeckung neuer Seewege und Länder" sei es gewesen, das „die ökonomische Bedeutung leicht in einem ganz abwegigen Licht – nämlich stark überbewertet – erscheinen" [130: LÜTGE, Sozial- und Wirtschaftsgeschichte, 294] und vergessen habe lassen, daß „Europa für sich immer noch weitaus der wichtigste Handelsraum ist" [ebd., 294]. Wenn daher Deutschland am zwar spektakulären, insgesamt und speziell im 16. Jahrhundert jedoch nur gering entwickelten Amerika- und Asienhandel weniger stark beteiligt war als manche westeuropäischen Länder, sei dies für den innerdeutschen ebenso wie für den internationalen Handel der Deutschen ohne großen Einfluß geblieben.

Deutsche Beteiligung am Überseehandel ohne wesentliche Bedeutung,

obwohl Meinungen dazu kontrovers

Daß Lütge bereits um 1960 die Bedeutung des Überseehandels relativiert hat, müßte gerade heute wieder als aktuell betrachtet werden, da sich im Rahmen der weltweiten Nord-Süd-Problematik Verfechter und Gegner dieser Meinung gegenüberstehen. In Deutschland schloß sich H. Kellenbenz im Prinzip Lütge an, wenn er glaubt, daß die Verlagerung des Welthandels an die Atlantikküste wohl überschätzt worden sei [104: KELLENBENZ, Wirtschaftsgeschichte, 292]. H. U. Wehler wiederum wendet sich zwar gegen die Behauptung, daß erst die Ausbeutung der überseeischen Welt den Aufstieg des europäischen Kapitalismus ermöglicht habe, meint jedoch gleichzeitig, daß die Kolonialressourcen und der Überseehandel „wie gewaltige Schwungräder" die Entwicklung der kapitalistischen Welt in Europa vorangetrieben hätten [216: WEHLER, Gesellschaftsgeschichte, 67].

Eine neuerliche, im Anschluß an Lütge vorzunehmende und auf möglichst breiter Quellenbasis beruhende Untersuchung der tatsächlichen Bedeutung des Überseehandels für Deutschland könnte daher nicht nur in die deutsche Wirtschaftsgeschichte mehr Klarheit bringen, sondern würde darüber hinaus einen überaus wertvollen Beitrag zur aktuellen Diskussion um die Rolle der Kolonien im europäischen Entwicklungsprozeß leisten. Das Verdienst einer solchen Analyse läge wohl vornehmlich in einer Abstützung der Lütgeschen Thesen; grundsätzlich anderere Ergebnisse sind wohl kaum zu erwarten.

Andererseits dürfte sich eine solche Untersuchung keinesfalls darauf beschränken, daß innereuropäische Handelsvolumen

Deutschlands mit dem Umfang seines außereuropäischen Handels zu vergleichen. Vielmehr wäre es unabdingbar, nach den Auswirkungen auf die gesamte deutsche Wirtschaft zu fragen. Welcher Stellenwert kam etwa dem Außenhandel im Rahmen des gesamten Handels oder aber im Rahmen der gesamtwirtschaftlichen Entwicklung zu? Die Beantwortung einer solchen Frage, die natürlich mit ebensoviel Berechtigung an andere Wirtschaftszweige wie das Handwerk, den Verlag oder die Landwirtschaft gerichtet werden kann, darf nicht von den persönlichen Auffassungen der einzelnen Forscher abhängen, sondern sollte allein nach sachlichen Kriterien möglichst ausgewogen erfolgen. Es kann auch nicht genügen, möglichst alle Sparten relativ gleichmäßig miteinzubeziehen; vielmehr sollte danach getrachtet werden, sie in ihrer Bedeutung für das Ganze zu gewichten.

Relativer Stellenwert des Außenhandels und anderer Sektoren

Und wieder ist es F. Lütge, der diesem Anspruch unter den deutschen Wirtschaftshistorikern bis heute wohl am nächsten kommt. In seinem unseres Erachtens zu wenig rezipierten Aufsatz über die wirtschaftliche Lage Deutschlands am Vorabend des Dreißigjährigen Krieges versuchte er, einige der bis dahin vorgenommenen Gewichtungen in ein besseres und wohl auch richtigeres Lot zu rücken [133: Lütge, Wirtschaftliche Lage]. So relativierte er nicht nur das Volumen, sondern auch die qualitative Bedeutung des Überseehandels für die deutsche Wirtschaft. Daß Amerika aufgrund der geringen Zahl kaufkräftiger Konsumenten zumindest im 16. Jahrhundert die Exportproduktion bestenfalls zusätzlich, keinesfalls jedoch entscheidend stimulierte, sollte dabei ebenso unbestritten sein wie die letztlich nur marginale Bedeutung asiatischer Gewürze für die deutsche Volkswirtschaft. Kaum mehr als 40 t Silber machte angeblich der Wert der gewerblichen, für die Märkte in Übersee bestimmten Produktion in Europa aus, und die Warenzufuhr aus Indien, Südostasien und Amerika bereicherte in erster Linie das Angebot an für die Masse der Bevölkerung unerschwinglichen Luxusgütern [74: Henning, Deutschland, 189].

Nur marginale Bedeutung außereuropäischer Märkte und Luxusgüter

Etwas differenzierter ist dagegen die Edelmetallzufuhr aus Potosí im späteren Bolivien zu sehen, die allerdings in großem Umfang nicht vor der Jahrhundertmitte einsetzte. Sie hätte sowohl die Kapitalbildung fördern als auch die allgemeine Kaufkraft in Europa anheben und auf diese Weise die wirtschaftliche Entwicklung vorantreiben können. Wie sehr jedoch die gewerblichen Produktionszentren von den aus Spanien nach Deutschland fließenden Edelmetallen tatsächlich profitierten – wie von Kellenbenz etwas

Auswirkungen des Silberzuflusses aus Amerika ungeklärt

pauschal behauptet und auch von Lütge angenommen wird [104: KELLENBENZ, Wirtschaftsgeschichte, 292; 133: LÜTGE, Wirtschaftliche Lage, 352] –, müßte eigens untersucht werden. Lütge selbst gibt zu bedenken, daß ein Teil der mehrere tausend Tonnen amerikanischen Silbers für den Kauf asiatischer Waren verwendet wurde und daher gar nicht in die europäische Zirkulation gelangt sei [130: LÜTGE, Sozial- und Wirtschaftsgeschichte, 286]. Ein abschließendes, empirisch abgestütztes Urteil ist jedenfalls beim derzeitigen Stand der Forschung nicht möglich. Sofern jedoch das amerikanische Silber in Europa blieb, trug es auch zur allmählichen Preissteigerung im 16. Jahrhundert bei, die zwar einigen wenigen zugute kam, für viele andere jedoch eine Verteuerung der Lebenshaltungskosten bedeutet haben dürfte.

4. Oberdeutsches Intermezzo

Aber nicht nur auf einer gewissermaßen horizontalen, geographischen Ebene, sondern auch in der vertikalen Struktur der Wirtschaft gilt es, sich vor Über- oder Unterschätzungen zu hüten. Lütge denkt in diesem Zusammenhang vor allem an das seiner Ansicht nach überbewertete Kreditwesen oder an die auf Kosten etwa der gewerblichen Produktion ebenfalls überschätzte Rolle des Groß- und Fernhandels sowie damit im Zusammenhang auch des Montanwesens. So wenig einzelne Hansestädte die Entwicklung der deutschen Städte insgesamt oder gar die der deutschen Wirtschaft widerspiegelten, so wenig vermochten die in Handel, Kreditgeschäft und Montanwesen akkumulierten Vermögen das Schicksal der deutschen Wirtschaft zu bestimmen [133: LÜTGE, Wirtschaftliche Lage, 350].

Überschätzung der oberdeutschen Vermögen

Und doch waren es gerade der Aufstieg und der Niedergang der großen Handelshäuser speziell in Oberdeutschland, die lange Zeit als Gradmesser für die wirtschaftliche Entwicklung in ganz Deutschland angesehen wurden. Zwar ist es richtig, daß die schwäbischen und unter ihnen insbesondere die Augsburger Kaufleute im europäischen Handel ebenso wie im internationalen Finanzgeschäft stark vertreten waren und im 16. Jahrhundert vielfach an die Stelle der Hanseaten traten. Eine darüber hinausgehende, die deutsche Wirtschaft als ganze bestimmende Funktion konnten sie jedoch nur erlangen, wenn man – wie J. Strieder – Bergbau und Erzhandel entweder allein oder neben der Landwirtschaft als bedeutendsten Wirtschaftszweig des Reiches ansah [199: STRIEDER, Studien, 1; 38: DEININGER, Augsburg, 31].

Keine Krise nach dem Zusammenbruch oberdeutscher Handelshäuser

Wie relativ gering jedoch die Verflechtung der großen oberdeutschen Handelshäuser mit der deutschen Wirtschaft war, wird allein daraus ersichtlich, daß ihr Zusammenbruch in der zweiten Jahrhunderthälfte weder größere konjunkturelle noch irgendwelche strukturelle Veränderungen negativer Art zur Folge hatte. Denn die Vorstellung, daß die deutsche Wirtschaft in den letzten Jahrzehnten vor dem 30jährigen Krieg eine Krise durchschritten habe, wurde inzwischen zurückgewiesen und speziell von Lütge wohl überzeugend widerlegt. Die großen oberdeutschen Handelshäuser hatten ihre Kapitalien weniger in Deutschland selbst als vielmehr in Anleihen ausländischer Staaten angelegt, deren Bankrotte dann je auch ein Hauptgrund ihres Zusammenbruchs waren. In Deutschland traten an die Stelle der überdurchschnittlich großen Vermögen zahlreiche mittlere und kleinere Vermögen, was einer breiten Entwicklung der deutschen Wirtschaft nur förderlich sein konnte. [133: LÜTGE, Wirtschaftliche Lage, 357].

In diesem Zusammenhang weist Lütge zu Recht darauf hin, daß die damalige Wirtschaft überwiegend in Form von kleinen Sparbeträgen mit Geldkapital versorgt wurde, die in eigenen oder als Fremdkapital in fremden Unternehmen eingesetzt wurden, ganz abgesehen davon, daß nur ein kleiner Teil der Wirtschaft mit dem Kapitalmarkt in Berührung kam. Die letztlich nur wenigen „Riesenvermögen", die so lange und zum Teil bis heute das Bild der deutschen Wirtschaft im 16. Jahrhundert prägten, werden daher von Lütge als für die gesamtwirtschaftliche Entwicklung lediglich periphere Erscheinung bezeichnet [ebd., 356]. „Es ist abwegig", schrieb er bereits 1960, „in dem Aufkommen und dem Verfall dieser Unternehmer und ihrer Spekulationen das entscheidende Merkmal für die Entwicklung der deutschen Volkswirtschaft dieser Zeit erblicken zu wollen. Das nach außen hin Auffallende ist keineswegs das Entscheidende" [130: LÜTGE, Sozial- und Wirtschaftsgeschichte, 2. Aufl., 274]. Er spricht von einer „optischen Täuschung", hervorgerufen durch eine zu einseitige Beschäftigung mit herausragenden Leuten, Zeichen einer „glorifizierenden Heldenverehrung" [133: LÜTGE, Wirtschaftliche Lage, 357].

Auch für Bechtel sind die großen Geldgeschäfte des 16. Jahrhunderts – auf ganz Deutschland bezogen – bloße Einzelerscheinungen, die auf eine kleine Zahl verwegener Kaufleute in Süddeutschland beschränkt blieben [15: BECHTEL, Wirtschafts- und Sozialgeschichte, 293]. Mottek will den großen oberdeutschen Geldvermögen ebenfalls keine entscheidende Rolle bei der Akkumulation der ursprünglichen Geldfonds beimessen, obwohl er gleichzeitig glaubt, die Geldanhäufung bei den Fuggern und anderen oberdeutschen Handelshäusern habe die Entfaltung kapitalistischer Elemente um 1500 in Deutschland wesentlich gefördert [146: MOTTEK, Wirtschaftsgeschichte, 224]. Und sogar in Oberschwaben selbst wurde – zumindest laut E. Schremmer – die bäuerlich-textile Wirtschaftsstruktur durch die Transit-, Montan- und Kreditgeschäfte der großen Augsburger Handelshäuser nur wenig tangiert und kaum verändert. Außer in Kreditverträgen mit geistlichen und weltlichen Landesherren legten sie ihre Gewinne vorzugsweise in der Montanindustrie Tirols, Böhmens und Ungarns sowie im Gewürz- und Kolonialgeschäft an, so daß etwa die Stadt Augsburg lediglich über die Steuern und die Privatausgaben an ihren Geschäften partizipierte. So braucht es auch nicht zu überraschen, wenn die spektakulären Konkurse auf das oberschwäbische Gewerbe nur einen geringen Einfluß ausübten und ihm weniger schadeten als gelegentlich angenommen [127: LAYER/SCHREMMER, Wirtschaft, 1088f.).

Bedeutung in Oberschwaben selbst marginal

5. Bergbau und Hüttenwesen

Überschätzung der Silber- und Kupfer- im Vergleich zur Eisenerzeugung

Was bislang zur Überschätzung des Überseehandels und der großen oberdeutschen Handelshäuser gesagt wurde, gilt zum Teil auch für das Montanwesen. Auch hier waren es mehr der überdurchschnittlich hohe Kapitaleinsatz und die spektakulären Kreditgeschäfte der im Silber- und Kupferbergbau engagierten Gesellschaften und weniger die tatsächliche Bedeutung dieses relativ schmalen Wirtschaftssektors, die die Aufmerksamkeit der Forschung und der Öffentlichkeit auf sich zogen. Dagegen wurde die Eisen- und Stahlerzeugung, obwohl Grundlage für eine Reihe anderer Wirtschaftszweige, lange Zeit deutlich weniger beachtet.

Außer J. Strieder, der den Edel- und Buntmetallbergbau zu einem der bedeutendsten, wenn nicht gar zum wichtigsten Zweig der deutschen Wirtschaft im 16. Jahrhundert hochstilisierte, meinte vor allem auch M. Steinmetz, daß „der Bergsegen den größten Reichtum der deutschen Territorien“ dargestellt habe [196: STEINMETZ, Deutschland, 22], und auch H. Haussherr widmete ihm in seiner Wirtschaftsgeschichte der Neuzeit unverhältnismäßig breiten Raum [70: HAUSSHERR, Wirtschaftsgeschichte, 41–47]. In jüngerer Zeit bemühte sich vor allem E. Westermann um eine grundlegende Aufarbeitung des Silber- und Kupferbergbaus einschließlich der Verhüttung [unter anderem 221: WESTERMANN, Garkupfer; 226: WESTERMANN, Silbererzeugung; 227: WESTERMANN, Silber- und Kupferproduktion; 228: WESTERMANN, Quantifizierungsprobleme).

Bedeutung von Silber und Kupfer zu wenig untersucht

Allerdings wird bei den verschiedenen Spezialanalysen nur selten die Frage nach der gesamtwirtschaftlichen Bedeutung der Silber- und Buntmetallerzeugung gestellt. In der Regel beschränkt man sich im wesentlichen auf fünf Aspekte:
- auf die bereits angesprochene Ausbildung kapitalistischer Produktionsverhältnisse in der Förderung und Verhüttung der Erze,
- auf die Möglichkeiten außerordentlich hoher Monopolgewinne für die beteiligten Kapitaleigner,
- auf die in den Erzvorkommen liegende Versuchung für einzelne Fürsten, übermäßig Kredite aufzunehmen, um ihre politischen und militärischen Projekte zu finanzieren,
- auf die Möglichkeiten, daß die Bewohner der Bergbaureviere zusätzliche nichtlandwirtschaftliche Beschäftigung finden konnten und schließlich
- auf die inflationäre Wirkung des gesteigerten Münzumlaufes.

Wirkungen des Bunt- und Edelmetallbereichs auf Industrialisierung gering

Was zunächst die fortschreitende Trennung von Arbeit und Kapital und damit die Entstehung einer im Einzelfall umfangreichen Lohnarbeiterschaft betrifft, steht außer Zweifel, daß hier bereits grundlegende Formen kapitalistischer Arbeitsverhältnisse vorweggenommen wurden und daß die Beziehungen zwischen Arbeitnehmern und Arbeitgebern in vielem an moderne Zeiten erinnern. Allerdings darf zumindest dreierlei nicht vergessen werden: Zum einen blieben solche Erscheinungen, sofern sie im Edel- und Buntmetallbereich zu beobachten waren, auf hauptsächlich zwei Reviere, den Harz und das Erzgebirge, beschränkt; zum zweiten ging ihre absolute Bedeutung – dies konnte etwa von R. Hildebrandt erst kürzlich nachgewiesen werden [77: HILDEBRANDT, Krise] – noch in der zweiten Hälfte des 16. Jahrhunderts stark zurück, ohne daß dies einen gesamtwirtschaftlichen Rückschlag zur Folge gehabt hätte; und zum dritten schließlich setzte die spätere Industrialisierung des 19. Jahrhunderts nicht etwa im Bunt- und Edelmetallbereich, sondern in ganz anderen Sektoren ein. All dies relativiert in hohem Maße den gesamtwirtschaftlichen Stellenwert der Montanwirtschaft, sofern sie sich auf die Nichteisenmetalle bezog.

Gewinne und Inflationsdruck

Ähnliches gilt für die exorbitanten Gewinne, die – wie bereits erwähnt – vorzugsweise im Ausland angelegt und außerdem eher in anderen als den hier behandelten Revieren, nämlich in Tirol und in Ungarn, erzielt wurden. Auch die mit den Krediten finanzierten Projekte wie etwa die Kaiserwahl Karls V. oder die verschiedenen Kriegszüge kamen der deutschen Wirtschaft wohl nur am Rande zugute. Genauere Analysen über die mit den Krediten gedeckten Ausgaben wären diesbezüglich sehr hilfreich.

Noch schwieriger zu erfassen oder gar zu quantifizieren sind die inflationären Tendenzen, die von einem erhöhten Geldangebot ausgingen. Henning schätzt, daß die Preissteigerung des 16. Jahrhunderts zu weniger als einem Drittel auf die Ausweitung des Edelmetallbestandes zurückzuführen war, die außerdem nur zum kleineren Teil aus der eigenen Produktion resultierte [74: Henning, Deutschland, 82 und 183].

Regionale Begrenzung der Beschäftigungseffekte

Und was schließlich die im und durch den Bergbau geschaffenen, direkten und indirekten Beschäftigungsmöglichkeiten anlangt, hielten auch sie sich angesichts ihrer regionalen und zeitlichen Beschränkung im Rahmen der Gesamtwirtschaft in engen Grenzen, was nicht ausschließt, daß sie regional sehr viel größere Bedeutung erlangen konnten. Allerdings hat J. Strieder auch in dieser Hinsicht wesentlich zur Überschätzung der Montanwirtschaft beigetragen, wenn er meint, daß hunderte deutscher Städte ihr Entstehen und ihr Wachstum unmittelbar dem Bergsegen verdankten und mittelbar sogar alle an der Ausbeute teilgenommen hätten [199: Strieder, Studien, 6; zur nicht nur auf Deutschland beschränkten Überschätzung des Bergbaus vgl. 184: Sella, Produktion, 223].

Größere Bedeutung der Eisenerzeugung,

Ganz anders verhält es sich mit der Erzeugung von Eisen. Trotz gegenteiliger Meinung etwa bei H. Kellenbenz [103: Kellenbenz, Kupfer, 290] dürfte seine gesamtwirtschaftliche Bedeutung dank seiner vielfältigen Verwendungsmöglichkeiten höher zu veranschlagen gewesen sein als die des Kupfers. Schon allein die Produktionszahlen sprechen eine deutliche Sprache: Um 1525, auf dem Höhepunkt der deutschen Kupferproduktion unter Einschluß der Alpenländer, stand einer Jahresproduktion von maximal 4000 t Rohkupfer und 50 t Silber eine geschätzte Ausbringung von circa 30000 t Eisen gegenüber, womit Deutschland vor Schweden, England und Spanien als Eisenproduzent an erster Stelle rangierte [errechnet aus 221: Westermann, Garkupfer, 247, 302 und 319; 98: Kellenbenz, Eisen, 439, und 103: Kellenbenz, Kupfer, 305ff.; 149: Parker, Entstehung, 335; vgl. auch 76: Hildebrandt, Kupferhandel, 195; 194: Sprenger, Münzverschlechterung, und 58: Glamann, Handel, 311, der die Kupferproduktion einschließlich des oberungarischen Bezirkes um Neusohl auf 4500 bis 5000 t schätzt, sowie 109: KELLENBENZ/WALTER, Deutsches Reich, 859, nach denen am Höhepunkt der europäischen Silberproduktion um 1540 in Europa insgesamt nur 65 t, davon 16 t im Harz und in Sachsen, gewonnen worden seien]. Außerdem war die Eisenerzeugung auch regional weiter gestreut, so daß sie direkt wie indirekt mehr Menschen beschäftigen konnte.

die im einzelnen noch zu untersuchen ist

Dennoch zogen Förderung und Verhüttung von Eisenerzen weit weniger als die der Bunt- und Edelmetallerze die Aufmerksamkeit der Wirtschaftshistoriker auf sich. Erst in jüngerer Zeit wurden auch in diesem Bereich einige Detailanalysen durchgeführt. Zu wenig spektakulär waren die Gewinne und die angehäuften Kapitalien; die Eisenerzvorkommen gaben kaum Anlaß zu großen Kreditgeschäften, und dank ihrer breiten Streuung blieb auch eine nennenswerte Konzentration der Arbeitskräfte weitgehend aus.

Gerade die jüngeren, zum Teil von H. Kellenbenz angeregten Untersuchungen haben jedoch gezeigt, in wie vielfältiger Weise die Eisenerzeugung zusätzliche Beschäftigungsmöglichkeiten schuf, in wie vielen Regionen sie die Weiterverarbeitung des Eisens zu den verschiedensten Produkten anregte und wie sehr sie den Handel mit Eisen und Eisenwaren stimulierte [stellvertretend vgl. 97: KELLENBENZ, Schwerpunkte der Eisengewinnung]. Eine zusammenfassende Darstellung der deutschen Eisenwirtschaft im 16. Jahrhundert, und zwar weniger um ihrer selbst willen als vielmehr in ihren Verflechtungen mit und ihren Auswirkungen auf die übrige Wirtschaft, wäre ohne Zweifel ein lohnendes, wenn auch überaus aufwendiges Projekt. Wahrscheinlich bedürfte es dafür noch einer Reihe weiterer Regionalstudien, die speziell auf die Erhellung dieser Wechselwirkungen abzielen.

C. Verlag und gewerbliche Unternehmer

1. Verlag und ländliche Mischökonomie

Rolle der Mischökonomie auf dem Land

Zusätzliche Beschäftigungsmöglichkeiten speziell für unter- und nichtbäuerliche Bevölkerungsschichten ergaben sich außer im Eisengewerbe auch in anderen Bereichen des produzierenden sowie des Dienstleistungsgewerbes. Obwohl man von einer scharfen Trennung und Aufteilung der gewerblichen Berufe auf Stadt und Land inzwischen abgekommen ist, könnte die Frage nach Ausmaß und Struktur der speziell ländlichen Mischökonomie noch einer Fülle von Regionalstudien Stoff bieten. Es gibt keinen ersichtlichen Grund, warum etwa das Konzept der Protoindustrialisierung nicht auf das 16. Jahrhundert zurück ausgedehnt werden sollte, für das vorerst noch der von E. Schremmer eingeführte Begriff der Territorialisierung und der ältere, von Sombart verwendete Begriff der Rustikalisierung des Gewerbes verwendet wird [etwa 176: SCHREMMER, Wirtschaft Bayerns, 128; 216: WEHLER, Gesellschaftsgeschichte, 97]. Zwar liegen bereits Untersuchungen zum Verlagswesen auch des 16. Jahrhunderts vor, doch sind sie vielfach noch stark auf den Verleger und die von ihm organisierte Produktion, weniger jedoch auf die konkrete Arbeits- und Einkommenssituation der Verlegten ausgerichtet. Noch weniger ist schließlich über die außerhalb des Verlags bestehenden Möglichkeiten zur Mischökonomie bekannt oder empirisch aufgearbeitet.

Bedeutung des Verlagswesens

Daß das Verlagswesen neben Bergbau und Verhüttung einen wichtigen und vielleicht sogar entscheidenden Vorläufer der späteren Industrialisierung darstellt, wurde im Zusammenhang mit der Diskussion um den Frühkapitalismus bereits betont. Hier konnten – um mit Wehler zu sprechen – Erfahrungen mit Exportgeschäften und Organisationsaufgaben großen Stils gesammelt, Kapital akkumuliert und investiert sowie unternehmerische Fähigkeiten ganz allgemein geschult und auf die Arbeitskräfte durch kontinuierliche Lohnarbeit ein gewisser Disziplinierungszwang ausgeübt werden. Das Verlagswesen nimmt daher in der wirtschaftsgeschichtlichen Behandlung des 16. Jahrhunderts einen entsprechend breiten Raum ein, wenn auch mit Recht und zuletzt wiederum von Wehler darauf hingewiesen wird, daß es falsch wäre, in der langfristigen Entwicklung eine Stufenfolge vom Handwerk und vom Verlag über die Manufaktur zur Industriefabrik konstruieren zu wollen. Viel realistischer sei es, von einer Gemengelage der einzelnen gewerblichen Betriebsformen auszugehen, deren relative Bedeutung sich im Laufe der Zeit durchaus verschieben konnte und zu denen im 16. Jahrhundert neben dem traditionellen, lokalen Handwerk und der Montanwirtschaft eben auch der Verlag gehörte [216: WEHLER, Gesellschaftsgeschichte, 112]. Allerdings sind die Gründe, die für die weitere Verbreitung des Verlagswesens – denn neu war es ja keineswegs – angeführt werden, nicht immer dieselben und auch nicht immer gleich überzeugend.

Unterschiedliche Begründungen für die Verbreitung des Verlagswesens

So bringt etwa H. Kellenbenz die fortschreitende Spaltung zwischen leitender und ausführender Arbeit sowie die Ausbreitung des kapitalistischen Betriebes nicht ganz einsichtig mit der überseeischen Expansion, mit der Reformation und mit der neuen Geistigkeit der Renaissance in Verbindung [104: KELLENBENZ, Wirtschaftsgeschichte, 416]. Die geographischen Entdeckungen spielen auch für Mottek bei der Weiterentwicklung der kapitalistischen Produktionsweise eine wichtige Rolle, hätten sie doch – was weiter oben bereits stark bezweifelt wurde – die Märkte in einer Weise ausgedehnt, daß ihre Belieferung mit der bisherigen feudalen oder zünftigen Betriebsweise nicht mehr möglich gewesen sei. Außerdem hätten – auch dieses Argument steht ganz in der Marxschen Tradition – die im Kolonialhandel erzielten Extraprofite die ursprüngliche Kapitalakkumulation beschleunigt. Allerdings fügt Mottek einschränkend hinzu, all dies sei eher in anderen Ländern als in Deutschland der Fall gewesen, wo die im 16. Jahrhundert noch gefestigten feudalen Ausbeutungsverhältnisse eine raschere Entfaltung kapitalistischer Elemente gehemmt hätten. Das habe dazu beigetragen, daß Deutschland seine führende Stellung verlor [146: MOTTEK, Wirtschaftsgeschichte, 249–252]. Daß jedoch mit der Steigerung der gewerblichen Warenproduktion letztlich auch in Deutschland die kapitalistischen Elemente vordrangen und daß damit auch hier die Voraussetzungen geschaffen wurden, die im 19. Jahrhundert dem Kapitalismus zum Sieg verhalfen, will auch Mottek nicht leugnen: Die ökonomischen Verhältnisse hätten immer mehr Dorfbewohner zur gewerblichen Produktion gedrängt.

Zunahme der Bevölkerung auf dem Land

Der Hauptgrund für die Verbreitung des Verlagswesens ist in der Zunahme der Bevölkerung zu suchen, die in der Landwirtschaft allein keine ausreichende Erwerbsmöglichkeiten mehr fand. Dies hat sich inzwischen als wohl allgemein akzeptierte Meinung durchgesetzt, und zwar um so mehr, als sich ein exportorientiertes Verlagswesen gerade in den am dichtesten besiedelten Gebieten Deutschlands entwickelte. Offen ist dagegen die Frage, inwiefern ein einmal installiertes Exportgewerbe über die vermehrten Einkommensmöglichkeiten seinerseits ein stärkeres Bevölkerungswachstum auslöste oder zumindest ermöglichte.

und Expansion der Märkte als zwei Hauptbedingungen des Verlags

Ebenfalls noch nicht hinreichend erforscht ist die zweite Hauptursache bzw. -bedingung für die Ausweitung der verlagsmäßigen Produktion, nämlich die Expansion der Märkte. Gerade wenn die überseeischen Gebiete nicht in dem Maß als Abnehmer europäischer und deutscher Produkte angesehen werden dürfen wie vielfach angenommen, drängt sich um so mehr die Frage auf, wohin die deutschen Verleger ihre Waren tatsächlich lieferten [für Europa vgl. 184: SELLA, Produktion, 227–245]. Es ist H.-U. Wehler uneingeschränkt zuzustimmen, wenn er eine anhaltende Nachfrage als entscheidende Vorbedingung für den Verlag bezeichnet und hinzufügt, daß sie zum einen aus der seit dem 16. Jahrhundert anwachsenden Binnenkaufkraft hervorging, zum anderen von der Erschließung aufnahmefähiger Außenmärkte abhing [216: WEHLER, Gesellschaftsgeschichte, 96].

Binnen- und Außenmärkte

Erklärungsbedürftig bleibt, wie die Binnenkaufkraft anstieg – ob etwa durch einen Anstieg der Produktivität oder lediglich durch die Zunahme der Bevölkerung – und wo die Außenmärkte erschlossen wurden. Mit anderen Worten: Was im Detail noch stärker als bisher zu erforschen wäre, ist die Frage nach den Endverbrauchern der Produkte, die von den in Deutschland verlegten Handwerkern und Heimarbeitern hergestellt wurden, obwohl naturgemäß einige Hinweise wie etwa auf die Getreide- und Viehlieferanten des Ostens, die Grundherren und größeren Bauern des Westens oder den „Leinenbedarf für die Bekleidung der Eingeborenen und Sklaven“ in Amerika [8: AUBIN, Leinengewerbe, 14] bereits vorliegen. Daß die Kaufkraft zumindest bei einem Teil der deutschen Bevölkerung gestiegen sein dürfte, war schon für Lütge keine Frage, da zahlreiche Nachrichten über einen verstärkten Konsum an Gewürzen, Wein, Bier und Fleisch überliefert seien [134: LÜTGE, Strukturwandlungen, 113].

Kaufkräftige Bevölkerungsgruppen

In dieselbe Richtung weisen die Untersuchungen von I. Richarz zur Ausgabenstruktur adeliger Haushalte, mit denen sie die inzwischen ohnehin kaum mehr ernsthaft vertretene Ansicht widerlegen wollte, herrschaftliche wie bäuerliche Haushalte hätten sich weitgehend selbst und unabhängig vom Markt versorgt. Die differenzierte und breit gefächerte Nachfrage adeliger Haushalte nach marktgängigen Produkten und Dienstleistungen, die Richarz im Gegensatz zu derart überholten Vorstellungen nachzuweisen vermag, spiegelt ihrer Meinung nach auch die steigende Kaufkraft der Grundherren wider, auf die weiter unten noch einzugehen sein wird [167: RICHARZ, Haushalte, 110ff. und 135ff.].

Daß es vielleicht weniger die Massenkaufkraft, als vielmehr die Kaufkraft einer relativ schmalen Elite von wohlhabenderen Leuten war, die als Abnehmer der Verlagsprodukte in erster Linie in Frage kamen, hatte auch schon Sombart angedeutet. Zu den fünf wichtigsten Verbrauchergruppen, die er für die Entstehung kapitalistischer Unternehmen als notwendig erachtet, zählte er die Reichen, die Armeen, die Schiffbauer, die Großstädter und die Bewohner der Kolonien, sofern die letzten zwei Gruppen mit der ersten, also den Reichen, identisch waren. Daraus ergab sich für ihn, daß schließlich nur der Luxusbedarf und der Heeresbedarf als Stammwurzeln kapitalistischer Unternehmen in Betracht kommen, was er mit zahlreichen Beispielen belegte [187: SOMBART, Kapitalismus, 860f.]. Eine solche Ansicht würde zwar in das Bild der weiter unten zu behandelnden Polarisierung der Einkommen im 16. Jahrhundert passen, müßte aber ebenfalls noch mit Hilfe empirischer Untersuchungen, vor allem was den Konsum anderer als der genannten Verbrauchergruppen anlangt, überprüft werden.

Soziale Herkunft der Verleger

Besser erforscht – dies wurde bereits angedeutet – sind die Verleger selbst, und zwar insbesondere ihre soziale Herkunft. Laut Henning rekrutierten sie sich aus hauptsächlich zwei Gebieten: aus der Gruppe der Fernhändler und – in viel geringerer Zahl – aus der Gruppe der gewerblichen Produzenten selbst. Während die Händler in verschiedenen Sparten als Verleger in Erscheinung traten, fanden sich die Handwerker-Verleger – zumindest nach Henning – vorzugsweise in der Textilerzeugung [74: HENNING, Deutschland, 208], obwohl etwa für Nürnberg nachgewiesen werden konnte, daß zumindest in der oberdeutschen Metropole auch in der Eisenverarbeitung der typische Verleger aus dem Kreis der Handwerksmeister stammte [195: STAHLSCHMIDT, Gewerbe, 80]. Insgesamt jedoch wurde das Verlagssystem im Laufe des 16. Jahrhunderts – und zwar offenbar auch in Nürnberg – zu „einer Domäne des mittelständischen Händlers“ [218: WEISS, Lebenshaltung, 185].

Allerdings fehlt es auch nicht an Versuchen, die vielleicht etwas unterschätzten Unternehmer aus dem ländlichen Bereich – und zwar Adelige wie Bauern – stärker in den Vordergrund zu rücken, obwohl die dominierende Stellung des Großkaufmannes, der am ehesten über die notwendigen Fernhandelsbeziehungen und die Kenntnis der Absatzmärkte und der Rohstoffbezugsgebiete verfügte, nicht in Frage gestellt wird. Nichtbürgerliche Unternehmer traten daher auch weniger im Verlagswesen als vielmehr im Handel allein in Erscheinung.

Kellenbenz unterscheidet dabei das städtereichere Süd-, Mittel- und Westeuropa, wo der für das Mittelalter zutreffende Grundsatz, daß das städtische Bürgertum alleiniger Träger von Handel, Seefahrt und Gewerbe war, auch noch im 16. Jahrhundert Gültigkeit besaß, vom nordatlantisch-skandinavisch-baltischen Bereich. Hier habe das Städtewesen trotz der Existenz der Hanse ein geringeres Gewicht gehabt, die Besiedlungen seien dünner und die Verkehrsverhältnisse auf dem Land schwieriger, auf See jedoch günstiger gewesen, weshalb Bauern und Adel mehr Gelegenheit zur Durchsetzung der Gewerbefreiheit, d.h. zu gewerblicher Tätigkeit vorgefunden hätten. Der Handel mit Erzeugnissen der Gutswirtschaft und der Meiereiwirtschaft wurde hier – immer noch nach Kellenbenz – zum großen Geschäft, an dem in günstigen Zeiten alle Schichten – Bürger und Nichtbürger in den Städten, Bauer, Adel, Fürst und Klerus – beteiligt waren. Zu keiner anderen Zeit als gerade im 16. Jahrhundert sei die Gelegenheit, sich auch als Nicht-Kaufmann unternehmerisch zu betätigen, so günstig gewesen, und die am unternehmerischen Wirken beteiligten Kräfte seien viel breiter gelagert gewesen als gemeinhin angenommen [89: Kellenbenz, Betätigung, 23 ff.].

Adeliges Unternehmertum

Einer der nichtbürgerlichen Gruppen, nämlich dem Adel einschließlich der Fürsten, gilt das besondere Interesse F. Redlichs. Mit Recht hebt er das unternehmerische Tun der ritterlichen Gutsherren östlich der Elbe hervor, die ihre Gutswirtschaften gewinnorientiert führten. Allerdings dürften diejenigen Gutsherren, die über die Leitung der Produktion hinaus auch den Absatz, den Transport und den Handel ganz allgemein übernahmen, insgesamt wohl nicht allzu zahlreich gewesen sein. Jedenfalls scheint es übertrieben, das fürstliche oder auch das adelige Unternehmertum nicht nur als osteuropäische, sondern als eine weit verbreitete gesamteuropäische oder gesamtdeutsche Erscheinung im 16. Jahrhundert zu bezeichnen [165: Redlich, Unternehmer].

Gutsherrschaft als kapitalistische Unternehmung

Unklarheit besteht in diesem Zusammenhang über die Frage, ob die Tätigkeit der ostelbischen Gutsherren als kapitalistisch zu bezeichnen ist oder nicht. Wenn Mottek dies mit dem Hinweis auf die feudale Gebundenheit der Produzenten ablehnt, da die Entstehung und Entfaltung der Gutsherrschaft eine Festigung der feudalen Macht in Deutschland bedeutet habe, wird implizit erneut die Frage nach der Sinnhaftigkeit der Bezeichnung „kapitalistisch" angesprochen [146: MOTTEK, Wirtschaftsgeschichte, 352f.]. Wenn kapitalistische Tätigkeit feudale Macht stärken oder – mit anderen Worten – ihre Ablösung durch bürgerliche Macht ver- oder zumindest behindern konnte, muß man sich fragen, ob es nicht eher die Verbreitung der gewerblich-industriellen Produktion als solche war, die später dem Bürgertum zum Sieg über den Feudalismus verhalf, als die speziell kapitalistische Form der Produktion, eine Frage, die über das 16. Jahrhundert hinausreicht und hier daher nur angedeutet, im Detail jedoch nicht weiter behandelt werden kann [vgl. dazu auch 215: WALLERSTEIN, Weltsystem, 123ff.].

Jüdische Unternehmer

In ihrer Bedeutung für die deutsche Wirtschaft überschätzt wurden eine Zeitlang auch die Juden, insbesondere wiederum im Anschluß an W. Sombart. Schon Sombart selbst mußte seine ursprüngliche Ansicht von der überragenden Rolle der Juden – „kein moderner Kapitalismus, keine moderne Kultur ohne die Versprengung der Juden über die nördlichen Länder des Erdballs" [Zitat nach 78: HÖFFNER, Wirtschaftsethik, 10] – später etwas abschwächen, indem er ihnen lediglich – und in diesen Fällen zum Teil zu Recht – für den Aufschwung der Städte Frankfurt und Hamburg eine besondere Bedeutung zuschrieb [für die sprunghafte Zunahme der Juden im Frankfurt des späten 16. Jahrhunderts vgl. 128: LERNER, Frankfurt, 161ff.]. Im übrigen wanderten sie nach den zahlreichen Judenvertreibungen im 15. und frühen 16. Jahrhundert zum Teil aus Deutschland aus, zum Teil ließen sie sich aber auch an kleineren Orten oft nur unweit ihres ehemaligen Wohnsitzes nieder, wo ihnen einzelne Fürsten neuen Schutz gewährten. Ihre wirtschaftliche Tätigkeit beschränkte sich jedoch das ganze Jahrhundert hindurch auf einen bescheidenen, ländlichen Handel, fernab von den großen Finanztransaktionen der Zeit. Weder in der Hochfinanz noch im Großhandel des 16. Jahrhunderts besaßen sie einen nennenswerten Einfluß [78: HÖFFNER, Wirtschaftsethik, 10]. Es mag zwar stimmen, daß sie – wie J. Kulischer meint – als gute Unternehmer und Händler, die die Erwerbsidee mit ökonomischem Rationalismus vereinigten, die Idee des Freihandels und der freien Konkurrenz durchzusetzen trachteten; gesamtwirtschaftliche Relevanz blieb ihnen jedoch im Deutschland des 16. Jahrhunderts versagt [123: KULISCHER, Wirtschaftsgeschichte, 413]. Erst später schalteten sich die in die

Niederlande geflohenen, spanisch-portugiesischen Juden und über sie dann auch die Juden in Mitteleuropa stärker in den Kolonialhandel ein, wo sie noch im 16. Jahrhundert den Oberdeutschen den Rang abliefen [198: STRAUS, Juden, 92f.].

Regionale Herkunft der Verleger

Neben der sozialen Herkunft der Verleger und anderer gewerblicher Unternehmer interessiert aber auch ihre regionale Herkunft. Generell kann festgehalten werden, daß sie wohl zum größten Teil in der Region angesiedelt waren, in der sie als Verleger in Erscheinung traten, zum kleineren Teil aber auch aus weiter entfernten Städten stammen konnten. So zogen etwa Nürnberger und andere oberdeutsche Kaufleute nach Leipzig, wo sie sich zunächst als Metallhändler und Gewerken im Mansfelder und erzgebirgischen Montanrevier und schließlich im ostmitteldeutschen Woll- und Leinengewerbe betätigten. In diesem Gebiet war sogar nur der kleinere Teil der Verleger in der Region ansässig, der größere jedoch in Leipzig und vor allem auch in Nürnberg selbst [87: JAHN, Verlag, 169 und 175].

Führungsstellung oberdeutscher Unternehmer

Die Verleger und Kaufleute aus Nürnberg, Augsburg und einigen anderen oberdeutschen Städten – und zwar nicht nur die ganz großen, herausragenden Handelshäuser – stiegen zu den führenden Handel- und Gewerbetreibenden Deutschlands auf. Sie lösten in dieser Stellung die Niederdeutschen ab, sichtbar etwa an ihren Niederlassungen in anderen Teilen Deutschlands, denen umgekehrt in Oberdeutschland nichts Gleichwertiges gegenüberstand. Die vor allem von H. Kellenbenz wiederholt geäußerte Meinung, daß die Oberdeutschen eine Spitzenstellung eingenommen hätten, ist inzwischen zu einem Gemeinplatz der deutschen Geschichtsschreibung über das 16. Jahrhundert geworden. Das heißt jedoch nicht, daß diese Meinung nicht noch einmal überprüft werden sollte. Insbesondere wäre im direkten Vergleich zu untersuchen, ob sich die Handelsverflechtungen und die nationalen wie internationalen Aktivitäten etwa der Hamburger und der Kölner nicht vielleicht doch mit denen der Nürnberger und Augsburger messen lassen konnten, was etwa die grundlegende und detailreiche Untersuchung von S. Gramulla über die weitreichenden Handelsbeziehungen der Kölner Kaufleute durchaus vermuten läßt [62: GRAMULLA, Handelsbeziehungen]. Dabei wären auch die Gründe für etwaige Schwerpunktverlagerungen zu betrachten und neben anderem wäre nach dem Einfluß politischer Veränderungen auf den Handel zu fragen. Solche Veränderungen werden z.B. von Kellenbenz angesprochen, wenn er im habsburgischen Wirtschaftsraum, der vorübergehend das Reich, die Niederlande, Spanien und einen großen Teil der überseeischen Eroberungen zusammenschloß, für oberdeutsche Unternehmer bessere Entfaltungsmöglichkeiten sieht als für andere [104: KELLENBENZ, Wirtschaftsgeschichte, 213]. Wie sehr aber wurden die hansischen Kaufleute tatsächlich beeinträchtigt durch das Zusammenspiel zwischen Oberdeutschland und den Niederlanden oder durch die Interessengemeinschaft der aufstrebenden nordischen Nationalstaaten mit ihren westeuropäischen Freunden? Und müßte man nicht auch unter den Oberdeutschen selbst zwischen den seit längerem führenden Nürnberger Kaufleuten auf der einen und den erst jetzt und nicht zuletzt wegen ihrer Geschäftsverbindungen zu den Habsburgern stärker in Erscheinung tretenden Augsburgern auf der anderen Seite unterscheiden [76: HILDEBRANDT, Kupferhandel, 221]?

2. Aufschwung und Niedergang der Städte

Als erwiesen kann inzwischen gelten – um von den Kaufleuten und Verlegern auf die sie beherbergenden Städte überzuwechseln –, daß es verfehlt wäre, aus dem Niedergang einzelner Städte auf die Entwicklung der deutschen Wirtschaft als ganze zu schließen. Einmal mehr war es F. Lütge, der vor einem derartigen Fehlschluß warnte und ihm den parallel verlaufenden Aufstieg anderer Städte entgegenhielt. Das gilt sowohl für die Hansestädte allein wie auch für die weit größere Zahl der außerhalb der Hanse stehenden Städte und letztlich auch für die wirtschaftliche Entwicklung ganzer Regionen [133: LÜTGE, Wirtschaftliche Lage, 350]. Erst die Zusammenschau der einzelnen Teile erlaubt eine Aussage für das ganze Land.

Unterschiedliche Entwicklung der deutschen Städte

Weder die Verhältnisse der stagnierenden oder in ihrer Entwicklung rückläufigen noch die der prosperierenden und weiter wachsenden Städte lassen sich auf einen gemeinsamen Nenner bringen. Zu vielfältig sind die Faktoren, die das individuelle Auf und Ab bestimmten. Wenn etwa Mottek meint, daß die ehemals führenden, meist zu freien Reichsstädten aufgestiegenen Kommunen vom 16. Jahrhundert an gegenüber den Hauptstädten der großen Territorien zurücktraten, muß er nur wenige Seiten später auf die gewichtigen Ausnahmen Hamburg und Frankfurt verweisen [146: MOTTEK, Wirtschaftsgeschichte, 285 und 292]. Wenn eine Reihe von Hansestädten ihre führende Stellung einbüßte, trifft dies für andere wie abermals für Hamburg, aber auch für Köln, Bremen, Danzig und wohl auch für Lübeck nicht zu. In Westfalen traten die im Mittelalter führenden Zentren am Hellwege zugunsten der früher weniger bedeutenden Städte im nördlichen und südlichen Bergland wie Bielefeld, Iserlohn, Altena, Lüdenscheid, Siegen usw. zurück, so daß es auch hier weniger zu einem allgemeinen Niedergang als vielmehr zu Verschiebungen kam [124: KUSKE, Wirtschaftsgeschichte, 20]. Treue wiederum stellt vielen Städten der Hanse und Oberdeutschlands, die nach kurzer Blüte an Bedeutung verloren, die Messestädte Frankfurt und Leipzig gegenüber, die wie Hamburg und Emden – letztere dank ihrer Verbindung mit England und Holland – zu deutschen Haupthandelsstädten mit europäischem Rang aufstiegen, während Köln und Nürnberg angeblich ihre Zwischenhandelsstellung einbüßten [213: TREUE, Wirtschaft, 473].

Einer dringend notwendigen Geschichte der deutschen Stadt im 16. Jahrhundert – wie sie jüngst von K. Gerteis für die gesamte frühe Neuzeit versucht wurde [57a: GERTEIS, Städte] – wäre es vorbehalten, aus der so unterschiedlichen Entwicklung der einzelnen Städte ein Gesamtbild zu zeichnen. Allerdings dürfte sie sich mit der Rekonstruktion des wirtschaftlichen Aufstieges oder Niederganges der einzelnen Städte nicht begnügen. Obwohl angesichts der zum Teil noch stark variierenden Angaben nicht nur zur wirtschaftlichen Bedeutung, sondern bereits zur bloßen Einwohnerzahl eine solche Untersuchung allein um ihrer selbst willen hoch an der Zeit wäre, müßte man in einem weiteren Schritt die Rolle der Stadt im gesamten wirtschaftlichen Entwicklungsprozeß analysieren, wie es etwa P. Bairoch in einem Aufsatz über vorindustrielle Städte im weltweiten Vergleich versucht hat [11: BAIROCH, Urbanization; für Deutschland wären etwa 55: FRITZE, Bürger und Bauern, sowie 35: BULST/HOOCK/IRSIGLER, Bevölkerung, zu nennen, wobei das letztgenannte Buch auch eine Auswahlbibliographie zum Problem der Stadt-Land-Beziehungen enthält]. Die vielfältigen Querverbindungen zwischen Stadt und Land, die vom städtischen Markt ausgehenden Impulse sowie die Aktivitäten der Städter dürften entscheidend zur Fortentwicklung der Wirtschaft beigetragen haben. Obwohl die Bauern von den Städtern häufig übervorteilt wurden und obwohl von bürgerlichen Grundherren kaum weniger Druck ausgeübt worden sein dürfte als von den adeligen Feudalherren [55: FRITZE, Bürger und Bauern, 48 ff. und 102 ff.], waren es dennoch die Städte, die zu einer schrittweisen Abkehr von der Subsistenzwirtschaft mit ihrer niedrigen Produktivität führten, die die Landwirtschaft zur Steigerung ihrer Produktivität anregten und die auf diese Weise Überschüsse, binnenwirtschaftlichen Austausch,

Querverbindungen zwischen Stadt und Land

Zentrale Rolle der Stadt in der wirtschaftlichen Entwicklung

Arbeitsteilung, steigende Produktivität und somit einen höheren Lebensstandard ermöglichten. Das Maß an Urbanisierung kann daher als Gradmesser für den Entwicklungsstand einer Wirtschaft gelten. Deshalb wäre zunächst einmal zu klären, ob die Urbanisierung im Laufe des 16. Jahrhunderts zunahm, abnahm oder stagnierte. Denn die Annahme Hennings, daß die städtische Bevölkerung zwischen 1470 und 1618 langsamer wuchs als die Gesamtbevölkerung, wurde inzwischen durch jüngere Publikationen, wie etwa die von P. Bairoch zur europäischen Urbanisierung, in Frage gestellt [74: HENNING, Deutschland, 206; 10: BAIROCH/BATOU/CHEVRE, Population].

Unter den deutschen Wirtschaftshistorikern hat bislang am ehesten H. Mauersberg auf die gesamtwirtschaftliche Schlüsselrolle der Städte hingewiesen. Schon im Spätmittelalter hätten Arbeitsteilung, wachsende Lebensansprüche und die Bevölkerungszunahme in Stadt und Land ein erheblich gesteigertes Volumen an wirtschaftlicher Konsumtion und Produktion zur Folge gehabt [142: MAUERSBERG, Wirtschaftsgeschichte, 236]. Den anfänglich bescheidenen Tauschhandel benachbarter Städte – obwohl an sich schon wichtig – habe man weit überholt. Die Verzahnungen der einzelnen Teile untereinander wurden immer komplizierter, die gegenseitige Abhängigkeit nahm ständig zu. Schon im Mittelalter hatte sich ein tiefgegliedertes System der Erzeugung und Verteilung herausgebildet, in dem die großen Handels- und Produktionszentren die Vororte darstellten, von denen das Wirtschaftsleben seine Impulse erhielt.

Bedeutung der binnenwirtschaftlichen Verflechtung

Aber nicht nur die Wirtschaft der großen und größeren Städte – so müßte man Mauersberg wohl ergänzen –, auch die viel zahlreicheren mittleren und kleinen Städte und Märkte waren eingespannt in einen sich wechselseitig durchdringenden, ausgedehnten Binnenhandel mit Lebensmitteln, Rohstoffen und Versorgungsgütern aller Art, die zum größten Teil in Deutschland selbst erzeugt und mit Produkten des Fernhandels ergänzt wurden [ebd., 240]. Wie dicht die binnenwirtschaftliche Verflechtung, für die die Städte gewissermaßen die Knotenpunkte darstellten, im 16. Jahrhundert war, ob sie in dieser Zeit eher zu- oder abnahm und in welchem Ausmaß sie die restliche, nichtstädtische, für das Prosperieren der Städte jedoch unentbehrliche Wirtschaft auf dem Land stimulierte, wäre daher ein überaus lohnendes, für das Verständnis der wirtschaftlichen Entwicklungsprozesse in hohem Maße wichtiges Forschungsgebiet.

Notwendigkeit städtischer Fallstudien

Allerdings kann eine solche Arbeit wohl erst geleistet werden, wenn die Wirtschaftsgeschichte der einzelnen Städte und ihres Umlandes besser erforscht ist. Beispielgebend könnten und sollten die in den letzten Jahren erschienenen Bände über Köln, Nürnberg, Augsburg und Lübeck sein [99: KELLENBENZ, Jahrtausende; 151: PFEIFFER, Nürnberg; 60: GOTTLIEB, Geschichte; 63: GRASSMANN, Geschichte]; eine Fülle wertvoller Daten bieten aber auch ältere Monographien wie die von A. Dietz über Frankfurt am Main [43: DIETZ, Handelsgeschichte]. Was allein für diese Städte an vielfältigen, auch überregionalen Beziehungen nachgewiesen werden konnte, müßte ebenso für andere Städte ihrer Größenordnung sowie im regionalen und lokalen Rahmen auch für die vielen kleineren Städte aufgearbeitet werden. Mehr als bisher sollte dabei auf die stimulierende Wirkung der Städte für die landwirtschaftliche Produktion sowie für die Schaffung nichtlandwirtschaftlicher Erwerbsmöglichkeiten auf dem Land wie in der Stadt geachtet werden. Wie solche Beziehungen aussehen konnten, wird aus den von H. Kellenbenz im Detail aufgezeigten Verflechtungen etwa der Kölner Wirtschaft ersichtlich, von der im 16. Jahrhundert Verlagsbeziehungen zum Solinger Eisengewerbe, zur Kupferverarbeitung und zur Ochsenhautverarbeitung in Aachen, zur Korbmacherei am Rheinufer, zur Flachsspinnerei im Bergischen, zum Erzabbau in der Eifel oder zur Stahlerzeugung im Siegerland, in Breckerfeld und in Olpe ausgingen, um nur einige zu nennen [100: KELLENBENZ, Wirtschaftsgeschichte Kölns, 365 ff.]. Schon die bisherigen Forschungen erlauben die Annahme, daß westlich der Elbe ein relativ hoher Grad binnenwirtschaftlicher Verflechtung erreicht worden war, der für die weitere Entwicklung der deutschen Wirtschaft weit höher zu veranschlagen sein dürfte als die herausragenden Einzelerscheinungen der oberdeutschen Großunternehmer, der Silber- und Kupfergewinnung oder des Handels mit Übersee.

Negative Einschätzung der Zünfte

In diesem Zusammenhang könnte auch die Rolle der mit der Stadt untrennbar verbundenen Zünfte neu überdacht werden. Angesichts der für die weitere Entwicklung der Wirtschaft so wichtigen Urbanisierung sollte man sich vielleicht fragen, ob das einhellig negative Bild der Zünfte in seiner Einseitigkeit tatsächlich gerechtfertigt ist. Ein Hauptvorwurf, den man gegen die Zünfte erhoben hat, bezieht sich auf die immer häufiger zu beobachtenden Abschließungstendenzen und ihre Versuche, die Entstehung nichtzünftiger Gewerbe zu verhindern. Die daraus resultierenden Konflikte hätten nicht nur vielen Menschen die Möglichkeit genommen, ein Gewerbe auszuüben, sondern darüber hinaus die Gewerbeentwicklung ganz allgemein gehemmt [213: TREUE, Wirtschaft, 456]. Mit Hilfe kartellartiger Zusammenschlüsse hätten sich die Zünfte gegen Modernisierungsversuche der städtischen und territorialen Obrigkeiten zur Wehr gesetzt, und durch ihr Festhalten an alten Bräuchen hätten sie ausgesprochen fortschrittsfeindlich gewirkt. Die Beschränkung der Zahl der Gesellen und die bewußt gering gehaltene Kapitalausstattung verhinderten – um mit Treue zu sprechen – den Aufstieg von Handwerksbetrieben in eine Größenordnung, die in die beginnende Unternehmerwirtschaft und den innerstaatlichen und internationalen Verkehr hätte hineinwachsen können. Bezeichnenderweise habe sich Qualitätshandwerk unter anderem gerade in einer Stadt wie Nürnberg behaupten können, wo – nach Treue einzigartig in Deutschland – die Bildung von Zünften verhindert und der Zuzug von Handwerkern im Interesse des Handels sogar gefördert wurde [ebd.]. Die gängige Meinung von der Fortschrittsfeindlichkeit der Zünfte teilte zuletzt auch H. U. Wehler, für den die Palette des Verhaltens der Zünfte von zunehmender Abschließung und sozialer Versteinerung über den Widerstand gegen neue Techniken und arbeitssparende Produktionsmethoden bis hin zur Ablehnung jedes leistungs- und innovationsorientierten Verhaltens reicht [216: Wehler, Gesellschaftsgeschichte, 94].

Verdienste der Zünfte

Obwohl es schwierig ist, angesichts einer so massiven und einhellig vorgebrachten Kritik den Zünften des 16. Jahrhunderts etwas Positives abzugewinnen, liefert gerade Wehler auch dafür einige Hinweise. Ausgehend von der Maxime, allen Zunftmitgliedern ausreichende Nahrung, d.h. ein möglichst konstantes und standesgemäßes Einkommen zu gewährleisten, zielte ihre Politik darauf ab, ungezügelten Wettbewerb zu verhindern und im Sinne möglichster Gleichheit aller Zunftmeister die Einkommen zu nivellieren. Mag man einer solchen Politik noch entgegenhalten, daß sie zwar den Zunftmitgliedern zugute kam, daneben jedoch viele andere gehindert wurden, daran zu partizipieren, so können von den Bemühungen der Zünfte um eine gute Ausbildung des Nachwuchses, um die Aufrechterhaltung eines zunftkonformen Standards ihrer Produkte sowie um die Qualität der Rohstoffe Wirkungen ausgegangen sein, die letztlich der Gesamtwirtschaft zugute kamen. Jedenfalls sollte eine Darstellung der Zünfte im 16. Jahrhundert beides zu berücksichtigen und gegeneinander abzuwägen suchen und dabei auch die allgemeinere Frage aufwerfen, ob die Sicherung eines standesgemäßen Einkommens und die Vermeidung sozialer Ungleichheit notwendig mit Verzicht auf Fortschritt verbunden waren.

D. Agrarkrise oder Agrarkonjunktur

1. Geldmenge, Bevölkerungswachstum und Anstieg der Getreidepreise

Grundlegende Bedeutung der Landwirtschaft

Zu den laut Lütge in der Historiographie lange Zeit vernachlässigten Wirtschaftszweigen zählt die Landwirtschaft, obwohl gerade sie im 16. Jahrhundert den größten Teil der deutschen Bevölkerung in irgendeiner Form beschäftigte [133: LÜTGE, Wirtschaftliche Lage, 351]. Dieses Defizit zumindest teilweise ausgeglichen und die Landwirtschaft stärker in den Vordergrund gerückt zu haben, bleibt das große Verdienst W. Abels. Er analysierte nicht nur die kurzfristigen und langfristigen Konjunkturbewegungen der Landwirtschaft, sondern deckte auch die dahinter liegenden Konstanten landwirtschaftlicher Entwicklung, die maßgebenden Einflußfaktoren und die ebenfalls kurz- wie langfristigen Wechselwirkungen zwischen der Landwirtschaft und der anderen Wirtschaft auf. Abel bietet mehr als eine richtungweisende Konjunkturtheorie, mehr als eine sicherlich konkurrenzlose Darstellung der spätmittelalterlichen und frühneuzeitlichen Krisen [51: ENNEN/JANSSEN, Agrargeschichte, 189], er liefert gewissermaßen einen Hauptschlüssel zum Verständnis vorindustrieller wirtschaftlicher Entwicklung ganz allgemein.

Uneinheitliche Preis- und Lohnbewegung

Eine der Erscheinungen, mit denen sich Abel stärker auseinandersetzte, war der allgemeine Preisanstieg im 16. Jahrhundert, den er mit zahlreichen Beispielen aus verschiedenen Regionen belegen konnte. Dabei fiel ihm auf, daß die Verteuerung der einzelnen Waren und Dienstleistungen keineswegs gleichmäßig erfolgte, sondern daß die Getreidepreise schneller und stärker stiegen als die Preise anderer landwirtschaftlicher Produkte und beide zusammen wiederum schneller als die Preise und Löhne gewerblicher Güter und Dienstleistungen. Im einzelnen werden von Henning, der sich hier Abel anschließt, ungeachtet regionaler Unterschiede für Deutschland und für die Zeit zwischen 1470 und 1618 folgende durchschnittliche Preisveränderungen angenommen: plus 260% bei Getreide, 180% bei tierischen Produkten, insbesondere Fleisch, 120% bei den Löhnen und 80% bei den gewerblichen Gütern des täglichen Bedarfs, insbesondere Textilien [75: HENNING, Landwirtschaft, 183].

Ursachen der Preissteigerungen im 16. Jahrhundert

Der unterschiedliche Preisanstieg ist nach Abel darauf zurückzuführen, daß die landwirtschaftliche Produktion nicht im selben

Ausmaß erweitert wurde, wie die Bevölkerung wuchs, was in zweifacher Weise zu einer relativ stärkeren Zunahme besonders der Getreidepreise führte. Zum einen war die Nachfrage nach Grundnahrungsmitteln naturgemäß am größten, zum anderen reduzierten die steigenden Getreidepreise die reale Kaufkraft zum Erwerb anderer Güter, was die Nachfrage nach diesen zusätzlich senkte und entsprechende Preisbewegungen dämpfte.

Mit seiner Erklärung für die Teuerung des 16. Jahrhunderts wandte sich Abel gegen die letztlich auf Jean Bodin zurückgehende Geldmengentheorie, wonach der Zustrom amerikanischen Silbers die Preissteigerungen in Europa ausgelöst habe, da das stark erweiterte Geldangebot die Nachfrage nach Gütern und Dienstleistungen habe ansteigen lassen. Zwar steht auch bei Abels Erklärungsmodell die Steigerung der Nachfrage im Vordergrund, doch wurde sie weniger durch die Edelmetallzufuhr, die zu einem gleichmäßigeren Preisanstieg hätte führen müssen, als vielmehr durch das Bevölkerungswachstum ausgelöst, und dies um so mehr, als die Teuerung schon lange vor dem Beginn der amerikanischen Silberimporte einsetzte.

Bevölkerungswachstum und Geldvermehrung als Hauptgründe der Preissteigerung

Allerdings wäre es falsch, die Preissteigerungen des 16. Jahrhunderts, die Abel im Unterschied zu anderen nicht als Preisrevolution bezeichnen will – die durchschnittliche jährliche Getreidepreissteigerung lag bei lediglich 1,5 Prozent –, allein mit der Bevölkerungszunahme erklären zu wollen [4: Abel, Landwirtschaft, 397]. Neben Henning, der die beiden Erklärungsmuster zu verbinden sucht, indem er für die Anhebung der Nahrungsmittelpreise zum überwiegenden Teil das Bevölkerungswachstum und zu einem weit geringeren Teil die Geldvermehrung verantwortlich macht [74: Henning, Deutschland, 183], hat sich insbesondere B. Sprenger mit den Einflußgrößen der Inflation im 16. Jahrhundert auseinandergesetzt [194: Sprenger, Münzverschlechterung]. Nach Sprenger vermehrte sich die umlaufende Geldmenge außer durch die Zunahme der Edelmetallproduktion und die Ausdehnung des Buchgeldes, der Wechsel und anderer Wertpapiere in hohem Maß auch durch die häufigen Münzverschlechterungen der Zeit. Nach sorgfältiger Analyse der möglichen Einflußgrößen gelangt er zu einem Ergebnis, das ebenfalls beide Erklärungsmuster gelten läßt, wobei er die Anhebung des gesamten Preisniveaus allein auf die Geldmengenvermehrung, die unterschiedliche Preisentwicklung mit dem stärkeren Anstieg der Getreidepreise dagegen auf das Bevölkerungswachstum zurückführt.

2. Einkommensverluste und Polarisierung der Einkommen

Folgen der Preisbewegungen

Letztlich entscheidender als die Ursachen der unterschiedlichen Preisbewegungen waren jedoch ihre Folgen. Was bedeutete die relative Verteuerung der Nahrungsmittel für die deutsche Bevölkerung im 16. Jahrhundert? Der Schluß liegt nahe – und wurde bereits von Abel und später auch von Henning, Saalfeld und anderen gezogen –, daß zumindest ein Teil der Deutschen spürbare Reallohnverluste hinnehmen mußte [2: ABEL, Geschichte, 143–145; 75: HENNING, Landwirtschaft, 184ff.; 169: SAALFELD, Wandlungen]. Zunächst einmal waren davon all jene Hauhalte betroffen, die auf den Kauf oder Zukauf von Nahrungsmitteln angewiesen waren, also vor allem die städtische Bevölkerung und die unterbäuerlichen sowie die nichtbäuerlichen Schichten auf dem Land. Wie sehr das real verfügbare Einkommen durch die Agrarpreise beeinflußt, ja vielfach geradezu bestimmt wurde, geht aus der von Henning angeführten, für vorindustrielle Gesellschaften durchaus realistischen Schätzung hervor, daß Haushalte, die sich nicht selbst versorgten, rund 70 Prozent ihres Einkommens für Nahrungsmittel ausgeben mußten [75: HENNING, Landwirtschaft, 184; vgl. 143: MINCHINTON, Veränderungen, 59 und 72].

Rückgang der Realeinkommen

Die verbleibenden 30 Prozent wurden nach Henning jedoch nicht nur durch die Verteuerung der Nahrungsmittel reduziert, sondern zusätzlich durch den Absatzrückgang, den viele Gewerbetreibende infolge sinkender Reallöhne zu spüren bekamen. All diese Überlegungen veranlaßten Henning zu der logischen und in ihrer Tragweite überaus schwerwiegenden Feststellung, daß die Mehrzahl der im 16. Jahrhundert in Deutschland lebenden Menschen einen Rückgang ihrer Realeinkommen hinnehmen mußte [75: HENNING, Deutschland, 180]. Die Einkommensverluste hätten nicht etwa nur zu einer eingeschränkten Ausstattung mit nichtlandwirtschaftlichen Gütern, sondern darüber hinaus zu einer Hinwendung zu weniger wertvollen Nahrungsmitteln geführt. An die Stelle von Fleisch trat Brot und an die Stelle von Brot teilweise Gemüse in Form der ausgesprochenen Sättigungsfrüchte Rüben und Kohl. Somit habe die ständig wachsende Gruppe „hilfsbedürftiger" Personen, der einkommensschwachen Gruppen in der Stadt wie auf dem Land dazu geführt, daß aufgrund steigender Agrarpreise eine zunehmende Verelendung eintrat [ebd., 231; vgl. auch 143: MINCHINTON, Veränderungen, 73f.].

Ausmaß der Marktabhängigkeit

Ob diese gravierende Schlußfolgerung richtig ist, die übrigens auch von W. Treue und R. van Dülmen geteilt wird, die ebenfalls vom Sinken der Lebenshaltung breiter Massen, von Verarmung, Arbeitslosigkeit und fallenden Reallöhnen sprechen [213: TREUE, Wirtschaft, 453; 46: VAN DÜLMEN, Entstehung, 32], hängt zum einen davon ab, wie viele Menschen tatsächlich auf den Kauf von Nahrungsmitteln angewiesen waren, zum anderen von der Möglichkeit, das relative Zurückbleiben der Preise für gewerbliche Produkte durch erhöhte Produktivität auszugleichen. Allerdings deutet nur wenig auf eine derartige Steigerung der Arbeitsproduktivität hin. Im Gegenteil, Abel nimmt sogar an, daß die Arbeitsproduktivität sank, weil „Gewerbe, Handel und die Fortschritte im Landbau den Bevölkerungszuwachs noch nicht aufzufangen vermochten“ [2: ABEL, Geschichte, 175].

und der Mischeinkommen

Wichtiger bleibt daher die Frage nach dem Anteil jener Haushalte, die ihren Bedarf an Nahrungsmitteln auf dem Markt decken mußten, eine Frage, mit der bereits Abel konfrontiert wurde. Vor allem wurde ihm entgegengehalten, daß die Handwerker, Arbeiter und sonstigen unselbständig Beschäftigten im 16. Jahrhundert vielfach noch in Naturalien entlohnt wurden und in einem dementsprechend geringeren Ausmaß auf den Markt verwiesen waren. Der Einwand wurde von Abel zwar prinzipiell akzeptiert, wenn auch zunächst geklärt werden müßte, wie viele der davon Betroffenen Lohn und Kost bezogen und wie viele reine Lohnempfänger waren [3: ABEL, Agrarkrisen, 142f.]. In dieselbe Richtung einer nur beschränkten Lohnabhängigkeit geht der Hinweis auf sonstige Einkommensquellen etwa aus einem Stück Garten, einem kleinen Häuschen oder aus Renten. Schon M. Elsas stellte die Frage nach dem Grad der Selbstversorgung, bei der Lohnarbeit möglicherweise nur fallweise ausgeübt wurde und daher nur einen Teil des Einkommens darstellte. „Trifft dies aber zu“, meinte er warnend, „so ist es völlig problematisch, ob der Lohn überhaupt und gegebenenfalls welcher Lohnanteil für die Ernährung gedient hat, geschweige, daß es möglich wäre, die Frage zu entscheiden, in welchem Grad das Divergieren von Löhnen und Preisen ihren Lebensstandard betroffen hat“ [49: ELSAS, Umriß, 75]. Abel begegnete auch diesem Einwand mit dem Hinweis auf die Notwendigkeit genauer Zahlenangaben, ohne die man keine endgültigen Aussagen treffen könne [3: ABEL, Agrarkrisen, 142].

Ausmaß und Verteilung der Einkommensverluste noch ungewiß

Bis dahin jedoch plädierte er dafür, die Rolle der Löhne und Gehälter und insbesondere die personelle Reichweite des Reallohnfalles nicht zu gering zu veranschlagen [ebd., 143]. Obwohl er vor einem abschließenden Urteil über die Entwicklung des relativen Einkommens, d.h. des Sozialproduktes pro Kopf der Bevölkerung, vorerst noch zurückschreckte, meinte er gleichwohl, „daß so gewichtige Indizien wie der Fall der Reallöhne, die Wandlungen im Verbrauch, die Verschiebungen der Produktionsrichtungen in der deutschen Landwirtschaft und nicht zuletzt der starke Anstieg der Grundrente den Schluß nahe legen, daß im Verlauf des 16. Jahrhunderts das Sozialprodukt je Kopf der Bevölkerung in Deutschland sank“ [1: Abel, Entwicklung, 489]. Und da die von Abel verlangten exakten Daten bis heute nur teilweise geliefert wurden, kann auch Hennings Annahme, daß die Mehrzahl der Deutschen vom Sinken der Reallöhne betroffen war, derzeit weder verifiziert noch falsifiziert werden. Daß es in dieser Hinsicht noch viel zu erforschen gäbe – wie etwa die Einkünfte der Unselbständigen und von Teilen auch der gewerblich Selbständigen tatsächlich zusammengesetzt waren, welche Auslagen sie hatten und ob man in diesem Zusammenhang tatsächlich von „Not und Elend“ für die Städte sprechen kann [4: Abel, Landwirtschaft, 410] –, braucht kaum eigens betont zu werden.

Wenn man jedoch weiß, daß – wie bereits angedeutet – die reinen Lohn-, Gewerbe- und Agrareinkommensbezieher in vorindustrieller Zeit eher die Ausnahme, die Mischeinkommensbezieher dagegen eher die Regel waren, ist man schon jetzt geneigt, vor einer Überschätzung der Realeinkommensverluste zu warnen, und zwar um so mehr, als Henning selbst einräumt, daß die ärmeren Gruppen der städtischen wie der ländlichen Bevölkerung vielfach über ein eigenes kleines Grundstück verfügten, auf dem sie das Notwendigste anbauten, so daß sie nicht gänzlich auf den geringen Lohn angewiesen waren [75: Henning, Landwirtschaft, 211].

Gegen die Annahme einer Verschlechterung der Einkommen könnte man – wie Lütge und vor ihm in ähnlicher Form schon Kötzschke [115: Kötzschke, Grundzüge, 190] – auch die zeitgenössischen Berichte über eine üppige Lebensweise des Gesindes, die Reichsgesetzgebung gegen den luxuriösen Aufwand an Kleidung und Schmuck bei den unteren Bevölkerungsschichten sowie die umfangreiche Bautätigkeit speziell in der zweiten Jahrhunderthälfte ins Treffen führen [133: Lütge, Wirtschaftliche Lage, 392; vgl. auch 156: Pitz, Probleme, 35 ff.].

Gegenteilige Tendenzen in Bayern

Auch E. Schremmer hält eine differenzierte Betrachtungsweise für notwendig, indem er für eine Aufspaltung des für ein abschließendes Urteil zu großen Aggregates Bevölkerung in verschiedene Gruppen plädiert [176: SCHREMMER, Wirtschaft Bayerns, 190]. Denn obwohl die wachsende Bevölkerung Altbayerns bis weit ins 19. Jahrhundert auf keine natürlichen Schranken in der eigenen Versorgung mit Brot, Fleisch, Fett, Eiern und Milch stieß, da sich der Nahrungsspielraum des Agrarlandes Bayern hinreichend stark ausweiten ließ, und obwohl die Einkommenssteigerung der Haushalte dazu führte, daß sowohl die Produkte des heimischen Gewerbes als auch umfangreiche Importe von einer breiten Bevölkerungsschicht gekauft wurden, gab es auch in Bayern unter- und nichtbeschäftigte Kreise, die an der Steigerung des Sozialproduktes weniger stark partizipierten. Allerdings – und dies würde insgesamt ein wohl optimistischeres Bild als bei Henning ergeben – mußte die Zunahme der unterbäuerlichen Schichten nicht notwendigerweise mit einer Vermehrung der einkommensschwachen Bevölkerungsteile einhergehen, da sie sich vielfach als ausgesprochen konsumfreudig erwiesen, was sich vielleicht mit den vorhin angedeuteten Mischeinkommen erklären ließe [ebd., 126]. Völlig im Gegensatz zu den sinkenden Realeinkommen wäre die Vermutung Schremmers zu interpretieren, daß der zunehmende Wohlstand der Bauern in der zweiten Jahrhunderthälfte zur Stagnation des ländlichen Tuchmachergewerbes beigetragen habe, indem er ihre Bereitschaft zum Spinnen von Wolle dämpfte [ebd., 96 f.].

Auch in bezug auf die Situation des Gewerbes sind Schremmers Aussagen nicht ganz eindeutig: Einerseits meint er, daß die steigenden Einkommen des Agrarsektors dem heimischen Gewerbe zugute kamen, andererseits spricht er von der Einkommensdisparität zwischen Gewerbe und Landwirtschaft, die von den Handwerkern auch durchaus als solche empfunden wurde und zu entsprechenden Klagen führte [ebd., 199]. Gegen einen Rückgang der Pro-Kopf-Einkommen bei zumindest einem Teil der städtischen Bevölkerung spricht das Wachstum der mittleren und kleineren, auch handwerklichen Vermögen etwa in Nürnberg, das sich „damit in eine Entwicklung einfügt, die für einige Städte Süddeutschlands, vor allem Augsburg, aber auch für mehrere nord-, mittel- und ostdeutsche Städte nachgewiesen wurde" [218: WEISS, Lebenshaltung, 181]. All dies zeigt wohl zur Genüge, wie schwierig bis unmöglich es beim jetzigen Stand der Forschung ist, das tatsächliche Ausmaß der von Einkommensverlusten betroffenen Bevölkerungsteile auch nur annähernd abzustecken.

Widerspruch zwischen Einkommenseinbußen und Blühen der Wirtschaft?

Nur daraus erklären sich – um zwei weitere Beispiele anzuführen – die Widersprüche oder zumindest die widersprüchlichen Formulierungen bei H. Haan und R. van Dülmen. Für Haan konnte in den Jahrzehnten vor dem Dreißigjährigen Krieg langanhaltende Prosperität durchaus mit Einkommenseinbußen bei den Bauern, dem Kleinbürgertum und den Lohnarbeitern, letztlich also der überwältigenden Mehrheit der Bevölkerung, einhergehen [64: HAAN, Prosperität, 103 ff.]. Obwohl die landwirtschaftliche Produktion wuchs, „die Gewerbeproduktion florierte" und daher das 16. und frühe 17. Jahrhundert in Anlehnung an Lütge von Haan als die Zeit der bis dahin höchsten Entwicklungsstufe des Gewerbes charakterisiert wird, bezeichnet er die oben genannten Gruppen als die „Hauptleidtragenden der säkularen Wirtschaftsentwicklung des Frühkapitalismus in fast allen europäischen Regionen" [ebd., 103] und läßt als Hauptnutznießer lediglich die Fürsten und die „Institution des Staates" gelten [ebd., 107]. Für van Dülmen schließlich läßt sich eine Wirtschaft, deren Entwicklung „hinter der Zunahme der Bevölkerung zurückblieb", durchaus mit „einem allgemeinen wirtschaftlichen Aufschwung, ja einem geradezu blühenden Wirtschaftsleben im 16. Jahrhundert" vereinbaren [46: VAN DÜLMEN, Entstehung, 34].

Wesentlich differenzierter hat sich mit dieser schwierigen Frage I. Bog beschäftigt. Zwar schließt auch er sich der Ansicht an, daß die Realeinkommen gesunken seien, und er belegt dies mit vielen Beispielen aus dem oberdeutsch-schweizerischen Raum, doch stellt er andererseits fest, daß die gewerbliche Produktion kräftig angestiegen sei. Diesen scheinbaren Widerspruch löst er, indem er – ebenfalls anhand vieler empirischer Einzelbelege – auf die stärkere Hinwendung der Konsumenten zu billigeren Produkten verweist, die unter anderem gerade im Rahmen des sich verbreitenden Verlagswesens hergestellt wurden. Auf diese Weise ging zwar die Massennachfrage nach kostspieligeren Erzeugnissen zurück, die Nachfrage nach gewerblichen Gütern insgesamt nahm jedoch, da man sie sich auch mit geringeren Realeinkommen leisten konnte, zu [29: BOG, Wachstumsprobleme].

Wachsen der Einkommen bei Grundherren und größeren Bauern

W. Abel interessierten nicht nur die Auswirkungen, die die Preisverschiebungen auf die Lohn- und Gehaltsempfänger haben konnten; er setzte sich auch mit den Folgen für die übrige Wirtschaft und Gesellschaft im Deutschland des 16. Jahrhunderts auseinander. Denn ein Anstieg der Agrarpreise bedeutete zwar auf der einen Seite einen Rückgang, auf der anderen Seite jedoch, bei den landwirtschaftlichen Produzenten, einen Anstieg der Realeinkommen. Ganz so einfach – das wußte auch Abel – war die Rechnung jedoch nicht. Um vom Anstieg der Agrarpreise profitieren zu können, mußte ein Bauer in der Lage sein, marktgängige Überschüsse zu produzieren. Weder Abel noch Henning geben an, bei wie vielen von den deutschen Bauern dies der Fall war. Erst Wehlers Ausführungen erlauben den Schluß, daß es kaum mehr als 20 bis 30 Prozent aller Bauern waren. Denn die übrigen drei Viertel bis vier Fünftel der Bauern betrieben nach Wehler eine Wirtschaft, die ihnen nicht mehr als einen prekären Lebensunterhalt und daher auch kaum mehr als nur sporadische Überschüsse ermöglichte [216: Wehler, Gesellschaftsgeschichte, 76].

Allerdings ist damit erst ein Teil der Frage beantwortet. Denn es bleibt noch immer offen, wieviel der Bauer von dem Erlös aus dem Verkauf der Überschüsse behalten konnte und wieviel er an den Grundherrn abliefern mußte. Obwohl auch in dieser Hinsicht regionale und sogar personelle Unterschiede innerhalb des damaligen Deutschland zu berücksichtigen sind, wird allgemein angenommen, daß sich die Grundherren mindestens einen Teil der durch die Preissteigerung erzielten Mehrerlöse zu sichern wußten. Dies war erst recht in Gebieten des nordöstlichen Deutschland – und zwar nicht nur auf den Gutswirtschaften östlich der Elbe – der Fall, wo ein Großteil des auf den Markt gebrachten Getreides direkt aus den adeligen Eigenwirtschaften kam [67: Harnisch, Bauern, 190 und 200].

Wenn jedoch nur ein kleiner Teil der Bevölkerung – größere Bauern und Grundherren – von den steigenden Agrarpreisen profitierte, mußte dies fast zwangsläufig zu einer Polarisierung der gesamtgesellschaftlichen Einkommen führen. Eine Folge davon war – um mit Abel zu sprechen – eine stärkere Aufgliederung auch des Verbrauchs. Während sich die einen auf die Befriedigung der elementarsten Lebensbedürfnisse beschränken mußten, konnten sich andere einen relativ aufwendigen Lebensstil leisten [3: Abel, Agrarkrisen, 146f.; vgl. 143: Minchinton, Veränderungen, 61].

Verwendung der steigenden Agrareinkommen

Vor allem die Grundrente erbrachte – wiederum nach Abel – riesige Werte, die vorzugsweise entweder direkt oder indirekt in den Konsum flossen. Ein wesentlicher Teil der aus der Landwirtschaft abgezweigten Einnahmen finanzierte die Verwaltung, die Rechtsprechung und die Rüstung, ein anderer diente der Kirche und der Hofhaltung der Fürsten, und wieder ein anderer blieb in den „mittleren Stockwerken des frühneuzeitlichen Gesellschaftsbaues“ hängen [3: Abel, Agrarkrisen, 150].

Abel will damit sagen, daß nur ein geringer Teil der Agrareinkommen direkt in die Wirtschaft investiert wurde, was ihn zu einem vielleicht etwas gewagten Schluß veranlaßt: Obwohl insgesamt in Deutschland Handel und Verkehr gerade auch in der zweiten Hälfte des 16. Jahrhunderts zugenommen und einige Gewerbe regsamere Tätigkeiten entfaltet hätten und auch die Landwirtschaft aufgeblüht sei, wären dennoch die Leistungen der Wirtschaft hinter der Zunahme der Bevölkerung zurückgeblieben. Dies lasse sich zwar nicht exakt belegen, ergebe sich jedoch aus der Verschlechterung der Lebenshaltung der Lohn- und Gehaltsempfänger einerseits und dem starken Anstieg der Grundrente andererseits [ebd., 151].

Konsum oder Investition?

Möglicherweise wird dabei übersehen, daß die dem Konsum dienenden Einkommen der Grundrentenbezieher zwar zunächst einmal der Investition entzogen wurden, später jedoch über den Umweg der von ihrem Konsum profitierenden Handel- und Gewerbetreibenden durchaus wieder investiert werden und auf diese Weise der Weiterentwicklung der Wirtschaft zumindest im Ausmaß des Bevölkerungswachstums zugute kommen konnten. Außerdem steht Abels für die deutsche Wirtschaft des 16. Jahrhunderts ungünstige Aussage zu seiner unmittelbar danach geäußerten Feststellung in einem gewissen Widerspruch, wonach bis zum Ende des Jahrhunderts das Angebot an Agrarprodukten der Nachfrage doch noch nachgekommen sei, so daß einige gute Ernten an der Wende zum 17. Jahrhundert genügten, um einen längeren Preisverfall einzuleiten [ebd., 152]. Wenn demnach auch nicht alle Abelschen Schlußfolgerungen bedingungslos und ungeprüft übernommen werden dürfen, so hat er doch mit seinem Hinweis auf den Zusammenhang zwischen Bevölkerungswachstum und Preisentwicklung die Wirtschaftsgeschichte nicht nur des 16. Jahrhunderts ganz wesentlich bereichert.

3. Vorindustrielle Krisen und Konjunkturen

Kurzfristige Auswirkungen von Ernteschwankungen

Dasselbe gilt auch für die von Abel in die deutsche Historiographie eingeführte, letztlich auf E. Labrousse zurückgehende Lehre von den Verbindungen zwischen kurzfristigen Ernteschwankungen und der Entwicklung der Gesamtwirtschaft. Obwohl sich seine diesbezüglichen Überlegungen keineswegs auf das 16. Jahrhundert beschränken, sondern für die gesamte vorindustrielle Epoche Gültigkeit besitzen, sollen sie gerade wegen ihrer Universalität auch hier kurz zur Sprache kommen. Außerdem berührten die kurzlebigen, durch Wetterkatastrophen, Kriege und Mißernten hervorgerufenen Agrarkrisen das Leben der Bauern und der Menschen ganz allgemein viel unmittelbarer als die säkularen Konjunkturtrends.

Belebung der Wirtschaft durch gute Ernten

Gute und schlechte Ernten bestimmten nicht nur die Versorgung mit Nahrungsmitteln, sondern zeitigten auch unmittelbare Auswirkungen auf die nichtbäuerliche Wirtschaft. Gute Ernten belebten die allgemeine Konjunktur auf zweifache Weise: Zum einen erlaubten sie mehr Bauern als sonst, einen Teil ihrer Erträge auf den Markt zu bringen, was ihre Kaufkraft erhöhte und ihnen die Möglichkeit gab, gewerbliche Güter zu erwerben; zum anderen lösten die höheren Erträge tendenziell ein Sinken der Agrarpreise aus, wodurch den nichtbäuerlichen Käufern von Nahrungsmitteln ebenfalls mehr Geld für den Erwerb anderer Güter blieb. Beides trug zu einer höheren Nachfrage nach nichtlandwirtschaftlichen Produkten und Dienstleistungen und somit zu einem Aufschwung der gewerblichen Wirtschaft bei.

und Belastung durch schlechte Ernten

Bei Mißernten hingegen trat genau das Gegenteil ein: Weniger Bauern kamen auf den Markt, ein größerer Teil der nichtbäuerlichen Einkommen mußte für die wegen der Knappheit teurer gewordenen Lebensmittel ausgegeben werden, wodurch die Kaufkraft für andere Güter und Dienstleistungen bei Bauern wie Nichtbauern schrumpfte und das Gewerbe unter der rückläufigen Nachfrage litt. Geschäftsrückgang für die Selbständigen, Arbeitslosigkeit und Lohndruck für die Unselbständigen waren die Folge.

Die so beschriebenen Bewegungen waren – auch darauf hat Abel bereits hingewiesen – für die Masse der Bevölkerung bedeutender als die Einkommenseinbußen oder -steigerungen, die die Großbauern bei guten Ernten durch den Preisverfall hinnehmen mußten und bei schlechten Ernten durch den Preisanstieg für sich verbuchen konnten.

Unterschiedliche Folgen für die Bauern je nach Marktquote

Für die Bauern allein hing die Frage, ob eine schlechte oder eher eine gute Ernte zu einer Agrarkrise führte, ganz wesentlich von ihrer Marktquote ab. Sie wurden von Mangelkrisen um so stärker betroffen, je geringer ihre Marktquote war. Bei den meisten Bauern – darauf hat zuletzt noch einmal H.-U. Wehler mit Nachdruck hingewiesen – war sie sehr klein, mit der Folge, daß sie im Falle einer Mißernte nicht nur ihre ohnehin geringen Geldeinkommen verloren, sondern vielfach nicht einmal mehr ihren Eigenbedarf decken konnten. Im wohl gar nicht so seltenen Extremfall waren sie sogar gezwungen, Getreide zu erhöhten Preisen zuzukaufen und sich eventuell zu verschulden, wodurch sie auch noch in die Abhängigkeit von Kreditgebern gerieten. Zusätzlich verschärft wurde die Situation durch die aufgrund der allgemeinen Krise fallenden Preise für die Produkte des ländlichen Nebengewerbes [216: WEHLER, Gesellschaftsgeschichte, 78 ff.].

Bezogen auf das 16. Jahrhundert wären, um das tatsächliche Ausmaß und die Häufigkeit eines solchen Geschehens erfassen zu können, regionale und lokale Einzelstudien notwendig. Vorerst sind solche Mangel- bzw. Teuerungskrisen für die Jahre zwischen 1527 und 1534, für die fünfziger Jahre und für den Beginn der 1570er Jahre überliefert. Obwohl gerade für letztere von Abel selbst Elendsschilderungen aus Oberschwaben, Tirol und Thüringen vorgelegt wurden, wäre es für die Beurteilung der Krisen wichtig, ihr tatsächliches Ausmaß zu kennen und zu wissen, wie viele Menschen wie stark davon betroffen waren [51: ENNEN/JANSSEN, Agrargeschichte, 190].

4. Landwirtschaftliche Produktion und Produktivität

Engpaß zwischen Wachstum der Bevölkerung und landwirtschaftlicher Produktion

W. Abel begnügte sich jedoch keineswegs damit, die Zusammenhänge von Agrarkrisen und Agrarkonjunktur aufzudecken, sondern er ging auch der Frage nach, wie die Bauern im Deutschland des 16. Jahrhunderts auf die verschiedenen ökonomischen Herausforderungen reagierten. Eine dieser Herausforderungen lag in der Notwendigkeit, die landwirtschaftliche Produktion in einem Maße anzuheben, daß die wachsende Bevölkerung ernährt werden konnte. Die Herausforderung selbst präsentierte sich den Bauern in zweifacher, durchaus unterschiedlicher Gestalt: Zum einen mußten, sofern es irgendwie möglich war, für die Nachkommenden neue Ackerflächen geschaffen werden, zum anderen konnte die für die Landwirtschaft günstige Preisschere zu verstärkten Bemühungen Anreiz geben, die Produktion auf welche Weise auch immer zu steigern.

Rekultivierung wüst gewordener und Erschließung neuer Böden

In diesem Zusammenhang stellt sich vorerst die Frage, warum die im Spätmittelalter im Gefolge der großen Pest aufgelassenen Kulturflächen nicht von neuem genutzt wurden, was zumindest so lange hätte möglich sein müssen, bis die Bevölkerungszahl der Zeit vor der Pest wieder erreicht wurde, also etwa bis zur Mitte des 16. Jahrhunderts. Gerade das Gegenteil war jedoch der Fall: Es wurden weit weniger Siedlungen wiederaufgebaut, als durch die Wüstungen des Spätmittelalters verlorengegangen waren. Wiederum hat anscheinend Abel als einziger nach den Ursachen für dieses erstaunliche Phänomen gefragt oder zumindest als erster versucht, eine Antwort zu geben, obwohl er einräumt, daß es sich dabei lediglich um Spekulationen handeln kann: Ein Teil des Bodens wurde inzwischen anderweitig genutzt, woraus möglicherweise Rechtsansprüche entstanden waren, die nicht ohne weiteres hätten übergangen oder beseitigt werden können. Vielleicht zog man es da und dort auch vor, zunächst die vorhandenen, möglichst nahe beim Hof gelegenen Güter intensiver zu bewirtschaften, bevor man entferntere Ländereien wieder nutzbar machte. Aber auch das Interesse der Grundherren an geschlossenen Dörfern sowie Schutz-, Sicherheits- und Kontaktbedürfnisse der Bauern selbst könnten eine Rolle gespielt haben [2: ABEL, Geschichte, 164f.]. Ob weitere Forschungen anstelle solcher Vermutungen empirisch abgestützte Antworten hervorbringen würden, ist angesichts der Quellenlage nicht sicher; einen Versuch wären sie wert.

Steigerung der Flächenproduktivität durch

Besser, obwohl immer noch zu wenig erforscht ist die zweite Möglichkeit der Produktionssteigerung, nämlich die aus einer intensiveren Bewirtschaftung des Bodens resultierende Anhebung der Produktivität. Es geht dabei nicht so sehr um die Arbeitsproduktivität, deren Steigerung eine Grundvoraussetzung für eine fortschreitende, im Deutschland des 16. Jahrhunderts jedoch nur in geringem Ausmaß zu beobachtende Urbanisierung gewesen wäre, sondern vielmehr um die Flächenproduktivität. Nur wenn der Ertrag pro Flächeneinheit zunimmt, kann eine wachsende Bevölkerung auch ohne entsprechende Ausweitung der Anbauflächen ernährt werden. Bei den damaligen Produktionsmethoden kamen im Prinzip zwei Möglichkeiten in Frage, den Flächenertrag zu steigern: einerseits eine Vermehrung der pro Saateinheit eingebrachten Ernte, andererseits die Einschränkung der Brache, die dazu führte, daß eine bestimmte Fläche öfter bebaut wurde und daher mehr Ernten hervorbrachte als zuvor. Über ersteres ist relativ wenig – die Ernten gingen nur selten über das Vier- bis Fünffache der Aussaat hinaus [118: KRIEDTE, Spätfeudalismus, 33; 137: DE MADDALENA, Europa, 212] –, über letzteres etwas mehr bekannt.

Abkehr von der Dreifelderwirtschaft

Allerdings dürfte auch über die regionale Verbreitung der Drei-, Vier- oder Mehrfelder- sowie der Fruchtwechselwirtschaft das letzte Wort noch nicht gesprochen sein. Nach H. Kellenbenz wurde etwa im Rheinland mittels verstärkter Düngung und mit Hilfe des Anbaus von Futterpflanzen bereits die Fruchtwechselwirtschaft betrieben, während sich in den Getreidelandschaften des Ostens in der Nähe der Küste und der großen Ströme die Dreifelderwirtschaft behauptet hätte und an der Nordseeküste mit Beteiligung holländischer Emigranten die hochstehende niederländische Betriebsweise eingeführt worden sei [104: Kellenbenz, Wirtschaftsgeschichte, 238f.]. Auf die in Schleswig-Holstein praktizierte Koppelwirtschaft, die im mehrjährigen Wechsel von Getreide- und Weidejahren eine starke Viehhaltung und aufgrund des vermehrten Düngeranfalls einen intensiveren Getreidebau ermöglichte, hat neben anderen W. Abel hingewiesen [4: Abel, Landwirtschaft, 390]. Treue wiederum spricht von einer Zunahme der Vier- bis Fünffelderwirtschaft in Mecklenburg und Pommern, am Niederrhein, in Schlesien und Sachsen, wobei er sich auf regionale Untersuchungen stützen kann, die zum Ergebnis gelangen, daß die von verschiedenen Agrartheoretikern vorgeschlagenen Verbesserungen von den Bauern auch tatsächlich aufgegriffen und in die Praxis umgesetzt wurden [213: Treue, Wirtschaft, 453; 179: Schröder-Lembke, Entstehung].

Allerdings stehen dieser positiven Sicht Untersuchungen gegenüber, die sie zumindest in relativer Hinsicht korrigieren. Zwar sei die Dreifelderwirtschaft seit dem 16. Jahrhundert in Mecklenburg tatsächlich zugunsten von Mehrfelderwirtschaften zurückgedrängt worden, doch habe sie im ganzen gesehen flächenmäßig auch am Ende des Jahrhunderts noch überwogen [138: Mager, Geschichte, 116]. Auch Treue erinnert daher an die Grenzen, die der Düngermangel einer weiteren Intensivierung setzte. Außerdem konnte es nach dem Gesetz des abnehmenden Bodenertrages auch zu einer Verminderung der Produktivität kommen, wenn der Erschließungs- und Bearbeitungsaufwand von Neuland in einem ungünstigen Verhältnis zum Ertrag stand [213: Treue, Wirtschaft, 453].

Grenzen landwirtschaftlicher Produktivitätssteigerung,

Noch skeptischer beurteilt Henning mögliche Fortschritte in der landwirtschaftlichen Produktionsweise. Im Unterschied zu Kellenbenz mißt er den niederländischen Glaubensflüchtlingen, da sie in erster Linie im gewerblichen Bereich tätig geworden seien, für die Entwicklung der deutschen Landwirtschaft weniger Bedeutung bei, so daß letztlich weder am Niederrhein noch weiter im Landesinnern eine Entwicklung stattgefunden habe, die der Intensivierung der Landwirtschaft in den Niederlanden vergleichbar gewesen wäre. Wenn eine Intensivierung erfolgte – so Henning –, dann hauptsächlich auf außerhalb des Flurzwanges stehenden Gartenflächen, die stärker und intensiver genutzt wurden [75: Henning, Landwirtschaft, 191]. Dennoch meint auch Henning, daß es an Versuchen intensiverer Bodennutzung vor allem in Teilen des Rheinlandes nicht gefehlt habe, wobei tendenziell die Brache zugunsten einer abwechslungsreicheren Fruchtfolge zurückgedrängt und die Ertragsfähigkeit des Bodens mit Hilfe von Wasserbaumaßnahmen und – sofern möglich – verstärkter Düngung verbessert worden sei.

vor allem aus Mangel an ausreichendem Dünger

Gerade der Mangel an ausreichendem Dünger, bedingt durch den niedrigen Stand der Viehhaltung, erwies sich – darin sind sich wohl alle einig – neben Flurzwang, Weiderecht und eventuell auch unzureichender Innovationsbereitschaft der Bauern als Haupthindernis für eine entscheidende Erhöhung der Flächenproduktivität. Einigkeit dürfte auch darüber bestehen, daß trotz der in einzelnen Regionen zu beobachtenden Veränderungen die Form der Dreifelderwirtschaft insgesamt und auf ganz Deutschland bezogen auch im 16. Jahrhundert vorherrschend blieb. Nach Wehler überwog sie auf etwa zwei Dritteln der Nutzfläche [216: WEHLER, Gesellschaftsgeschichte, 76].

Dennoch sollte noch mehr als bisher nach Ansätzen einer intensiveren Bodenbebauung geforscht und insbesondere der Frage nachgegangen werden, wie sehr sich tatsächlich und über die von Abel gemachten Andeutungen hinaus Zusammenhänge zwischen Bevölkerungsdichte und Urbanisierung auf der einen sowie landwirtschaftlicher Produktivität auf der anderen Seite nachweisen lassen. Solche Untersuchungen hätten ebenso wie die weiter oben zur Rolle des Überseehandels angeregten einen über die Erforschung der deutschen Wirtschaft hinausgehenden Wert. Sie könnten nämlich einen wesentlichen Beitrag zu der Frage leisten, wo die über das rein Produktionstechnische hinausgehenden Gründe für die Höhe landwirtschaftlicher Produktivität ganz allgemein zu suchen sind, eine Frage, deren Beantwortung für Länder von Interesse sein dürfte, die noch heute unter einer zu niedrigen landwirtschaftlichen Produktivität leiden.

Nähe oder Ferne städtischer Märkte

Die Abelschen Hinweise deuten jedenfalls bereits jetzt darauf hin, daß sich mit der Entfernung zu städtischen Zentren nicht nur die Art der für diese produzierten landwirtschaftlichen Güter veränderte, sondern die Nähe oder Ferne von größeren urbanen Siedlungen auch die landwirtschaftliche Produktivität ganz erheblich beeinflussen konnte. Auch aus dieser Sicht käme einer immer auch vergleichenden Untersuchung des Urbanisierungsgrades und der städtischen Dichte im Deutschland nicht nur des 16. Jahrhunderts grundlegende Bedeutung zu.

5. Gutsherrschaft und Grundherrschaft

Allerdings würden moderne Entwicklungstheoretiker einer solchen rein wirtschaftlichen, die sozialen und politischen Strukturen außer acht lassenden Betrachtungsweise scharf widersprechen, und zum Teil sogar mit Recht. Denn städtische Märkte als Anreiz für landwirtschaftliche Produktionssteigerung sind eine, die strukturellen Möglichkeiten, auf diesen Anreiz zu reagieren, eine andere Sache. Man wird daher nach den rechtlichen und sozialen Rahmenbedingungen fragen müssen, in denen die deutschen Bauern standen und die ihren Handlungsspielraum bestimmten.

Rahmenbedingungen landwirtschaftlicher Produktion

Gerade das Deutschland des 16. Jahrhunderts kann für die Frage nach den ländlichen Sozial- und Herrschaftsstrukturen ein interessantes und aufschlußreiches Untersuchungsobjekt abgeben, aus dem zwar vielleicht keine schlüssigen Lehren zur Bewältigung der landwirtschaftlichen Probleme in den weniger entwickelten Ländern gezogen werden können, das jedoch zweifellos helfen kann, die tieferen Zusammenhänge und die historische Bedingtheit dieser Probleme besser zu verstehen. Gemeint sind die Entstehung und die Verbreitung der Gutswirtschaft im östlichen Deutschland sowie die von ihr in wesentlichen Punkten abweichende Grundherrschaft im Westen.

Gutswirtschaft und Grundherrschaft

Im Osten – dies gilt inzwischen als unbestritten – gerieten die zunächst überdurchschnittlich gut gestellten Bauern in eine ständig stärkere Abhängigkeit von ihren Gutsherren, die bis zur Form der Leibeigenschaft gehen konnte. Nur den kleineren Teil ihrer Arbeitszeit konnten die Bauern für ihre eigene Wirtschaft verwenden, zum größeren Teil standen sie in den Diensten des Gutsherrn. Im Westen dagegen war das Verhältnis zwischen Grundherr und ebenfalls noch hörigem Bauern inzwischen bereits so weit gelockert, daß dieser als de facto freier Zinsbauer, relativ unabhängig vom Grundherrn und mit grundherrschaftlichen Diensten nur wenig belastet, seine Wirtschaft gestalten und sie – falls die sonstigen Voraussetzungen gegeben waren – auf Marktproduktion ausrichten konnte.

Ursachen für die Entstehung der Gutsherrschaft

Auch die Gründe für die unterschiedliche Entwicklung in Ost und West sind bereits mehrfach genannt worden, wobei die Meinungen – wenn überhaupt – lediglich in der Akzentuierung variieren. Einen der Hauptgründe – dies wird nach dem bislang über W. Abel Gesagten nicht mehr überraschen – sieht nicht nur er in der steigenden Nachfrage nach Getreide in Nordwest- und Westeuropa, wo die wachsende städtische Bevölkerung immer weniger in der

Lage war, sich aus der näheren Umgebung allein mit den notwendigen Nahrungsmitteln zu versorgen. Erst diese Nachfrage ließ es für die ostelbischen Grundherren lohnend erscheinen, sich verstärkt ihrer eigenen Güter anzunehmen und sie auf eine möglichst umfangreiche Produktion vor allem von Roggen einzurichten. Was sie brauchten, waren Land und Arbeitskräfte: Ersteres dehnten sie auf Kosten des noch freien, dann immer mehr auch des Gemeindelandes sowie schließlich durch Usurpation bäuerlicher Güter aus, letztere beschafften sie sich unter Ausnützung ihrer Stellung als Grund- und Gerichtsherr notfalls auch durch Zwang.

Unterschiedliche Folgen der Nachfrage nach Getreide in Ost und West

So einleuchtend der Kausalzusammenhang zwischen der Nachfrage nach Getreide und der Reaktion der Gutsherren auch sein mag, so stellt sich doch die Frage, warum sich die Grundherren des Westens offenbar anders verhielten als ihre Standesgenossen im Osten. Die darauf gegebenen Antworten lassen sich dank der grundlegenden Arbeiten von F. Lütge und einiger anderer sowie ergänzt um eigene Überlegungen folgendermaßen resümieren [vgl. etwa 130: LÜTGE, Sozial- und Wirtschaftsgeschichte, 215–217]:

– Erstens wurde dank der größeren Bevölkerungsdichte im Westen der verfügbare Boden praktisch zur Gänze zur Deckung der eigenen Bedürfnisse beansprucht, so daß kaum irgendwelche Überschüsse für den Export blieben.

– Zweitens boten sich dank des ebenfalls im Westen höheren Urbanisierungsgrades für Grundherren wie Bauern mehr Möglichkeiten, über den Nahrungsmittelverkauf auf den nahen städtischen Märkten zu Geldeinkommen zu gelangen. Wehler faßt diesen grundlegenden Strukturunterschied und seine Folgen – im Anschluß an Max Weber – in einem Satz zusammen, wenn er schreibt, daß mit der Abnahme der Dichtigkeit der Städte nach Osten die Dichtigkeit der Gutsbetriebe zunahm [216: WEHLER, Gesellschaftsgeschichte, 73].

– Drittens standen im Westen aufgrund seiner politischen Zersplitterung und Kleinstaatlichkeit in der Verwaltung, an den fürstlichen Höfen oder in den Armeen für Adelige mehr Posten zur Verfügung, als es im Osten der Fall war.

– Viertens schließlich stellten sich die Landesfürsten im Westen aus eigenem Interesse an der bäuerlichen Steuerkraft entschiedener möglichen Versuchen entgegen, die Bauern in eine ähnliche Abhängigkeit wie im Osten herabdrücken zu wollen, während sie sich dort zum Teil selbst an der Ausbeutung der Bauern beteiligten oder sich gegenüber den herrschaftliche Rechte beanspruchenden Gutsherren als zu schwach erwiesen.

Obwohl somit der Anreiz einer starken Nachfrage nach Getreide im westlichen wie im östlichen Deutschland annähernd vergleichbar war, wichen die Möglichkeiten, die Nachfrage zu decken, und die Chancen, anderweitige Einkommen zu erzielen, deutlich und für die weitere Entwicklung entscheidend voneinander ab.

Ob zum Fehlen der Möglichkeiten im Westen auch die geringere Größe der grundherrlichen Eigenwirtschaften beitrug, wie Mottek annimmt, sei dahingestellt [146: MOTTEK, Wirtschaftsgeschichte, 316]. Immerhin gilt es zu bedenken, daß auch im Osten die großen Rittergüter vielfach aus ursprünglich kleineren Einheiten hervorgingen, daß es im Westen, und zwar speziell im Nordwesten Deutschlands, ebenfalls größere Eigenwirtschaften gab und daß schließlich auch westlich der Elbe, nämlich in Sachsen, Ansätze zur Gutswirtschaft östlichen Typs zu beobachten waren. Daß sich solche Ansätze im sächsisch-thüringischen Raum, wo sich Ost und West überschnitten, nicht zur voll ausgebildeten Gutsherrschaft entwickelten, war zu einem guten Teil den finanzkräftigen und daher von der Steuerbewilligung durch den Adel unabhängigeren Landesherren zu verdanken, die im 16. Jahrhundert eine entschiedene Bauernschutzpolitik betrieben. Dadurch gab es zwar auch hier die Gutswirtschaft, nicht jedoch die Gutsherrschaft.

Mitentscheidende Rolle der Landesherren

Nicht ganz zu überzeugen vermag der von Abel wie von Lütge vorgebrachte Hinweis, daß sich die ostelbischen Ritter auch deswegen verstärkt ihren eigenen Gütern zugewandt hätten, weil sie ihre militärische Funktion durch das Aufkommen der Söldnerheere verloren hätten [4: ABEL, Landwirtschaft, 393f.; 130: LÜTGE, Sozial- und Wirtschaftsgeschichte, 216]. Denn dasselbe traf wohl auch für den Adel im Westen zu. Allerdings schneiden sie damit einen Aspekt an, der auch von anderen hervorgehoben wird, daß nämlich der Adel infolge der spätmittelalterlichen Agrarkrise nunmehr ungleich stärker auf eigene wirtschaftliche Aktivitäten angewiesen gewesen sei als zuvor, was im Osten ebenfalls dazu beigetragen habe, daß er sich verstärkt der Eigenwirtschaft zuwandte [vgl. 211: TOPOLSKI, Versuch, 221ff.].

Hemmende Wirkungen der Gutsherrschaft

Die Verbreitung der Gutsherrschaft hatte nicht nur für die betroffenen Bauern schwerwiegende Folgen, sie behinderte möglicherweise auch die weitere Entwicklung der Wirtschaft im östlichen Deutschland. Allerdings liegen dazu noch keine Untersuchungen, bestenfalls einige Andeutungen vor [z.B. 118: KRIEDTE, Spätfeudalismus, 41, oder 67: HARNISCH, Bauern, 190ff.]. Die in diesem Zusammenhang zu stellenden Fragen könnten sich an folgenden Überlegungen orientieren: Die Gutswirtschaft bedingte eine scharfe Polarisierung der Einkommen, indem einer relativ geringen Zahl von Gutsherren die Masse der abhängigen Bauern gegenüberstand, die an den Exporterlösen kaum partizipierten. Die von diesen Erlösen ausgehende Nachfrage war daher eine sehr schmale; deshalb wurden nichtlandwirtschaftliche Wirtschaftszweige nicht in dem Maße stimuliert, wie man es von der Menge der Getreideexporte her hätte erwarten können. Außerdem floß ein Teil der Erlöse in den Ankauf importierter Waren, was ihre geringen außeragrarischen Effekte noch weiter reduzierte. Und schließlich ließen die Gutsherren einen Teil der von der Gutswirtschaft nachgefragten Produkte und Dienstleistungen von ihren Arbeitskräften selbst her- oder bereitstellen, weshalb sich der für die Entwicklung der Binnenwirtschaft so wichtige Stadt-Land-Austausch auch aus diesem Grund weit weniger entfalten konnte als im Westen. Zwar mögen solche Gedanken noch etwas hypothetisch anmuten. Gerade deshalb aber wäre es zu begrüßen, wenn von derartigen Fragestellungen geleitete Analysen angestellt würden.

6. Transkontinentaler Viehhandel

Ochsenhandel und

Ein weiteres Exportgut, das der Osten speziell im 16. Jahrhundert anzubieten hatte, war Schlachtvieh, vor allem Ochsen. Im Unterschied zum Getreide, das zwar in Deutschland produziert, jedoch hauptsächlich für außerdeutsche Märkte bestimmt war, befanden sich die Aufzuchtgebiete der Ochsen zum größten Teil außerhalb Deutschlands, die Abnehmer hingegen in diesem Fall in Deutschland. Wie die Gutswirtschaft ist auch der transkontinentale Ochsenhandel recht gut erforscht, wenn auch gewisse Fragen wie etwa die nach der Struktur der Konsumenten oder nach den Auswirkungen auf die vom Ochsentrieb betroffenen Landschaften noch eine vertiefte Aufarbeitung verdienten.

Fleischkonsum verschiedener Bevölkerungsgruppen

Gerade hinsichtlich des Fleischkonsums gehen die Meinungen zum Teil noch auseinander. Lütge etwa nimmt im Anschluß an G. Schmoller und W. Abel für das 16. Jahrhundert nicht nur einen höheren Fleischverbrauch an als für später, sondern glaubt sogar eine Zunahme nachweisen zu können, die über das Bevölkerungswachstum hinausging [134: Lütge, Strukturwandlungen, 112]. Lütge stützt sich dabei auf die zahlreichen zeitgenössischen Nachrichten über eine ungemeine Ausweitung des Fleischgenusses, die allerdings laut

F. Blaich in der zweiten Jahrhunderthälfte zunehmend von Klagen über den Fleischmangel abgelöst wurden [20: BLAICH, Fleischpreise].

Gegen die Annahme einer allgemeinen Steigerung des Wohlstandes sprechen auch die von Abel und später von Henning vermuteten Einkommensverluste großer Teile der Bevölkerung, die ja unter anderem zu einer Abkehr vom Fleischkonsum gezwungen hätten. So ist denn auch der von Abel angenommene Pro-Kopf-Verbrauch von 100 kg pro Jahr nicht unbestritten geblieben und von F. Lerner für die Zeit um 1600 auf 47 kg reduziert worden [nach 223: WESTERMANN, Forschungsaufgaben, 271]. Ob die Diskrepanz zwischen den beiden Werten einfach dadurch ausgeräumt werden kann, daß man einen Rückgang des jährlichen Pro-Kopf-Verbrauches zwischen dem letzten Drittel des 15. und dem Beginn des 17. Jahrhunderts von etwa 100 kg auf weniger als 50 kg annimmt [75: HENNING, Landwirtschaft, 211], sei dahingestellt. Angesichts der im übrigen weit weniger spektakulären Veränderungen in der deutschen Wirtschaft dieser Zeit scheint ein derart drastischer Abfall vielleicht doch etwas übertrieben.

bei gleichzeitigem Rückgang der innerdeutschen Viehhaltung

Wie auch immer: Wenn der Fleischimport aus Ost- und Nordeuropa im 16. Jahrhundert zunahm, der Fleischkonsum pro Kopf der Bevölkerung jedoch rückläufig gewesen sein soll, kann dies nur damit erklärt werden, daß zum einen die Bevölkerung in diesem Zeitraum zunahm und zum anderen die eigene Viehhaltung infolge wachsender Ackerflächen zurückging, so daß das daraus entstehende Mißverhältnis zwischen Verbrauch und eigener Produktion durch Importe ausgeglichen wurde [20: BLAICH, Fleischpreise, 32]. Und tatsächlich gelangt Henning aufgrund eigener Berechnungen zu dem Schluß, daß der überwiegende Teil der Fleischversorgung der größeren Städte zwischen Amsterdam und Florenz nur mittels Ochsenzufuhr gewährleistet werden konnte [75: HENNING, Landwirtschaft, 198].

Die Entstehung und die Existenz großer Konsumzentren, deren Fleischbedarf aus der Umgebung allein nicht mehr gedeckt werden konnte, werden auch von Lütge als wichtige Voraussetzung für die Expansion des Ochsenhandels angesehen. Zu ihnen zählte er neben den größeren Städten auch die Bergbaugebiete und die Großhaushalte, die insbesondere an den Sitzen der landesfürstlichen Regierungen und Hofhaltungen entstanden [134: LÜTGE, Strukturwandlungen, 114]. Im übrigen jedoch geht Lütge im Gegensatz zu Henning – wie bereits angedeutet – von einer Zunahme des Pro-

Kopf-Verbrauchs aus, die er als erste Voraussetzung für die Entfaltung des Ochsenhandels bezeichnet und die nicht nur für reiche Bürger, Grundherren etc., sondern gerade auch für die breiten Bevölkerungsschichten der Unselbständigen belegt sei [ebd., 113].

Der weiter oben angesprochenen Polarisierung der Einkommen würde es dagegen entsprechen, daß sich der Fleischkonsum speziell seit den 30er Jahren des 16. Jahrhunderts wieder stärker nach dem gesellschaftlichen Stand orientierte. Denn nach Westermann war es vor allem die Nachfrage einkommensstarker Gruppen, speziell die Spitzennachfrage durch fürstliche Hofhaltungen, Spitäler, Klöster, Heere, Reichstage, Messen und Jahrmärkte, die den Ochsenhandel stimulierte [223: WESTERMANN, Forschungsaufgaben, 272].

Kosten und Beschäftigungseffekt des Viehhandels

Kontrovers sind auch die Ansichten über die Kosten des großräumigen Ochsentransportes. Während Lütge und Blaich von hohen Transportkosten ausgehen – verursacht durch Ausgaben für die Treiber, für Mauten und für die Benutzung von Weiden [20: BLAICH, Fleischpreise, 43] –, spricht Henning von minimalen Transportkosten, und er begründet dies damit, daß die Ochsen zum Verbrauchsort getrieben wurden und sich so gewissermaßen selbst transportierten; allerdings wurden zwischendurch Mästungen notwendig, um die Wanderungsverluste auszugleichen [75: HENNING, Landwirtschaft, 200].

Daraus geht hervor, daß der Ochsentrieb doch nicht ganz ohne menschliche Beteiligung auskam. Wie viele Menschen in welchem Ausmaß daran beteiligt waren und welche Haupt- oder Nebeneinkommen sie daraus zogen, liegt noch weitgehend im dunkeln. Auf die Notwendigkeit, diese sekundären Effekte der Viehtriften näher zu erforschen, hat bereits E. Westermann hingewiesen, der sich in jüngerer Zeit speziell um die Erforschung des Ochsenhandels bemüht hat. Bislang stand jedoch in der Forschung die Frage im Vordergrund, woher die einzelnen Verbraucherzentren mit Lebendvieh versorgt wurden. So konnte etwa F. Irsigler gegenüber einer Überschätzung der Reichweite der Ausfuhr ungarischer Ochsen nachweisen, daß diese in nordwestlicher Richtung – von Ausnahmen abgesehen – maximal bis Frankfurt und Bingen gelangten, aber bereits Koblenz fast ausschließlich über Köln mit niederländischem und norddeutschem Schlachtvieh versorgt wurde [84: IRSIGLER, Viehhandel, 219 f.]. Ein bisher nur wenig erforschtes Gebiet ist der Schaf- und Schweinehandel, obwohl er etwa von Irsigler für Köln oder von Blaich für Oberdeutschland bereits etwas genauer untersucht wurde [ebd., 226 ff., und 20: BLAICH, Fleischpreise, 37 ff.].

E. Resümee

Resümierend läßt sich zu den Grundproblemen und Tendenzen der Forschung hinsichtlich der Geschichte der deutschen Wirtschaft im 16. Jahrhundert folgendes festhalten:

Keine frühkapitalistische Sonderstellung des 16. Jahrhunderts

1. Fast ein Jahrhundert lang hat man das 16. Jahrhundert mit dem Etikett des Frühkapitalismus versehen, obwohl sich die meisten Erscheinungen, die zur Charakterisierung des Frühkapitalismus vorgebracht wurden, bei genauerem Hinsehen bereits in frühere Jahrhunderte zurückverfolgen lassen. Ganz gleich, ob man an die Trennung von Arbeit und Kapital im Montanwesen und im Verlag, an die rationale, gewinnorientierte Geschäftsführung oder an eine auf Erwerb statt auf Bedarfsdeckung ausgerichtete Geisteshaltung denkt, sie alle waren im 16. Jahrhundert alles andere als neu. Die Tätigkeit der herausragenden oberdeutschen Handelshäuser stellte letztlich eine Fortführung der mittelalterlichen Handels- und Kreditgeschäfte dar und erwies sich außerdem als überaus kurzlebig. Noch geringer blieb zumindest im 16. Jahrhundert der Einfluß der Reformation auf die Entwicklung der deutschen Wirtschaft, die von ihr wie von anderen ethischen Vorstellungen nicht mehr und nicht weniger bestimmt wurde als zuvor. Wenn man daher am Konzept des Frühkapitalismus festhalten will, wäre es hoch an der Zeit, den Begriff nicht auf das 16. bis 18. Jahrhundert zu beschränken, sondern ihn auf die gesamte Zeitspanne zwischen der Entstehung des mittelalterlichen Städtewesens im 12./13. Jahrhundert und dem Beginn der Industrialisierung im 19. Jahrhundert auszudehnen. Die Wende zum 16. Jahrhundert jedenfalls stellt keine wie auch immer geartete wirtschaftsgeschichtliche Zäsur dar.

Überschätzung einzelner Wirtschaftszweige in ihrer gesamtwirtschaftlichen Bedeutung

2. Die Überschätzung des 16. Jahrhunderts für die Entwicklung des Kapitalismus hat eine Parallele darin gefunden, daß einzelne Teilbereiche der deutschen Wirtschaft in der Forschung einseitig hervorgehoben werden. Eine allzu enge Fixierung auf die wirtschaftspolitische Stellung der Hanse verstellte lange Zeit den Blick für den wirtschaftlichen Aufschwung einiger der bedeutendsten Hansestädte, sichtbar etwa in der Vervielfachung des Handels- und Transportvolumens speziell zwischen Nord- und Ostsee. Die Erschließung neuer Wege für den Welthandel zeitigte zumindest im 16. Jahrhundert für Deutschland noch nicht jene negativen Folgen, die man aus der Verlagerung des Welthandels an den Atlantik ablei-

ten zu können glaubte. Zum einen konnte der transalpine Verkehr zwischen Venedig als der traditionellen Einfallspforte für orientalische Waren und Oberdeutschland weiter ausgebaut werden, zum anderen ergaben sich für den deutschen Handel in der Verteilung der über Antwerpen gehandelten Importe aus Übersee neue Chancen. Außerdem kam dem Handel mit Übersee im Rahmen des deutschen Außenhandels und erst recht im Rahmen der deutschen Gesamtwirtschaft eine viel geringere Bedeutung zu, als aufgrund des größeren Aufsehens, das er machte, vielfach angenommen wurde und noch wird.

Dasselbe gilt innerhalb Deutschlands für die spektakulären Kapitalvermögen und Kapitaltransaktionen einiger oberdeutscher Handelshäuser, deren Aufstieg und Fall zwar nicht spurlos an der deutschen Wirtschaft vorbeigingen, sie jedoch weit weniger tangierten, als man lange Zeit wahrhaben wollte. Für die Entwicklung der deutschen Wirtschaft entscheidender waren die viel zahlreicheren, nicht ganz so großen und mittleren Kaufleute, die außer in Oberdeutschland auch in anderen Regionen Deutschlands den größten Teil des deutschen Binnen- und Außenhandels trugen.

Eine ähnlich einseitige Gewichtung der Forschung kennzeichnet das Bild von der gewerblichen Produktion: Nicht die für die breite Wirtschaftsentwicklung grundlegenden Sparten der Erzeugung und Verarbeitung von Eisen und anderen Rohstoffen zogen die Hauptaufmerksamkeit auf sich, sondern die auf wenige Standorte beschränkte Edel- und Buntmetallgewinnung mit ihren relativ geringen Synergieeffekten sowohl in horizontaler Hinsicht für die deutsche Wirtschaft der Zeit als auch in vertikaler Hinsicht für die Weiterentwicklung in Richtung Industrialisierung. Die etwa von F. Lütge erhobene Forderung nach einer ausgewogeneren, derartige Verzerrungen vermeidenden Darstellung der deutschen Wirtschaftsgeschichte im 16. Jahrhundert ist daher vorbehaltlos zu unterstützen und bei allen künftigen Untersuchungen im Auge zu behalten.

Unbestrittene Bedeutung des Verlagswesens

3. Allgemein anerkannt ist inzwischen die Bedeutung des Verlagswesens, das zwar ins Mittelalter zurückreichte, im 16. Jahrhundert jedoch stark ausgeweitet wurde. Zunehmend größere Teile speziell der ländlichen Bevölkerung – man spricht daher von einer Territorialisierung des Gewerbes – wurden in die verlagsmäßig organisierte gewerbliche Produktion miteinbezogen, wofür ebenfalls relativ einhellig die Bevölkerungszunahme hauptverantwortlich gemacht wird. Da es zusehends schwieriger wurde, die wachsende Bevölkerung mit landwirtschaftlich nutzbarem Boden zu versorgen,

sahen sich immer mehr Menschen veranlaßt, ihren Lebensunterhalt aus gemischten Einkommen landwirtschaftlicher und gewerblicher Natur zu bestreiten.

und noch zu wenig erforschte Rolle der Stadt-Land-Beziehungen

Daraus darf jedoch nicht geschlossen werden, die Städte hätten ihre Funktion als Zentren von Handel und Gewerbe verloren, obwohl gerade im Zusammenhang mit den fortschrittsfeindlichen Abschließungstendenzen der Zünfte gelegentlich von einer Erstarrung des städtischen Handwerks ganz allgemein die Rede ist. Sie lieferten nach wie vor den Großteil der in den Handel gelangenden gewerblichen Produkte, sie stellten nach wie vor die Nervenzentren der sich weiter entfaltenden Binnenwirtschaft dar, von ihnen aus wurde auch das ländliche Verlagswesen weitgehend organisiert. Gerade die Stadt-Land-Beziehungen, deren Intensivierung sich auf lange Sicht als entscheidender erweisen sollte als vorübergehender Silbersegen, überdurchschnittliche Spitzenvermögen oder spektakuläre Überseefahrten, wären weitere Untersuchungen wert. Ob die Urbanisierung der deutschen Wirtschaft als grundlegender Gradmesser wirtschaftlicher Entwicklung im 16. Jahrhundert zu- oder abnahm, ist noch offen. Unbestritten dürfte dagegen sein, daß der Niedergang einzelner Städte durch das weitere Wachstum sehr vieler anderer mindestens kompensiert wurde.

Grundlegende Bedeutung der Landwirtschaft

4. Urbanisierung konnte letztlich nur stattfinden, wenn die Landwirtschaft in der Lage war, so viel zu produzieren, daß neben der Deckung des Eigenbedarfs auch die städtische Bevölkerung ernährt werden konnte. Daß ihr dies im Deutschland des 16. Jahrhunderts zumindest in normalen, von witterungsbedingten Mißernten freien Jahren gelang, ist offenkundig. Was im regionalen Rahmen noch genauer untersucht werden könnte, wäre die Frage, in welchem Ausmaß neben der Erweiterung der Anbauflächen auch eine Steigerung der Flächenproduktivität erzielt wurde. Neben der schieren Notwendigkeit, Mittel und Wege zu finden, die wachsende Bevölkerung zu ernähren, waren es insbesondere die im Verhältnis zu anderen Preisen und zu den Löhnen rascher steigenden Getreidepreise, die die Bauern veranlaßten, sich verstärkt um eine Produktionssteigerung zu bemühen. Allerdings wurde im Anschluß an W. Abel zu Recht darauf hingewiesen, daß nur ein Teil der Bauern, nämlich die rechtlich bessergestellten und die mit größeren Einheiten an Boden ausgestatteten, in der Lage war, auf die Anreize des Marktes zu reagieren, daß die Mehrzahl von ihnen dagegen – insbesondere in Zeiten schlechterer Ernten – Mühe hatte, die Selbstversorgung sicherzustellen.

Unsicheres Ausmaß der Einkommensverluste

Unklar ist nach wie vor das Ausmaß der Einkommensverluste, das infolge steigender Agrarpreise jener Teil der deutschen Bevölkerung hinnehmen mußte, der weder Überschüsse für den Markt produzierte oder Selbstversorger war noch zu den oberen Schichten gehörte, die von den tendenziell ebenfalls steigenden Grundrenten profitierten. Kann man tatsächlich von einer zumindest relativen Verarmung der Mehrheit der deutschen Bevölkerung im 16. Jahrhundert sprechen, oder wie vielen gelang es, den realen Rückgang der Löhne und der Preise für gewerbliche Produkte mit Hilfe gemischter Einkommen oder eventuell gesteigerter Arbeitsproduktivität wettzumachen? Wie groß war das Ausmaß der einkommensbedingten Polarisierung der deutschen Gesellschaft, sichtbar etwa an dem einkommensabhängigen Konsum höherwertiger Nahrungsmittel wie Fleisch, Gewürzen und anderen Luxusprodukten?

Entstehung und Folgewirkungen der Gutsherrschaft im Osten

Sicher ist bereits jetzt, daß eine solche Polarisierung im östlichen Deutschland deutlichere Formen annahm als im Westen. Die Trennung Deutschlands in einen von der Grundherrschaft geprägten Teil westlich und einen von der Verbreitung der Gutsherrschaft gekennzeichneten Teil östlich der Elbe vollzog sich besonders rasch im 16. Jahrhundert. Während die Ursachen und unmittelbaren Folgen der für die Bauern im Osten so ungünstigen Verbreitung der Gutsherrschaft weitgehend aufgearbeitet und bekannt sind, wäre die Frage nach den langfristigen Auswirkungen dieser im 16. Jahrhundert vertieften Unterschiede der Strukturen auf die Entwicklung der deutschen Wirtschaft als ganze weitere Untersuchungen wert. Sie würden zwangsläufig über das engere Untersuchungsgebiet des 16. Jahrhunderts hinausführen und diesen Abschnitt der deutschen Wirtschaftsgeschichte in den größeren Rahmen der langfristigen Entwicklung von der Zeit der Völkerwanderung bis zur Gegenwart stellen, was unter anderem auch ein Anliegen dieses Buches war.

III. Literatur

Angesichts der Fülle von Publikationen, die sich in größerem oder kleinerem Ausmaß mit der wirtschaftlichen Entwicklung im Deutschland des 16. Jahrhunderts befassen, kann es sich bei den nachfolgenden Titeln nur um eine *Auswahlbibliographie* handeln. Für weiterführende Hinweise sei auf die bis heute wohl umfangreichsten bibliographischen Angaben in 216: WEHLER, Gesellschaftsgeschichte, 1. Bd., 561–579 verwiesen. Zu den wirtschafts- und sozialgeschichtlichen *Quellen* der Zeit vgl. 9: AUBIN/ZORN, Handbuch, 383–385.

Für Zeitschriften wurden u.a. folgende Abkürzungen verwendet:

IHS Innsbrucker Historische Studien
JbNSt Jahrbücher für Nationalökonomie und Statistik

1. W. ABEL, Zur Entwicklung des Sozialproduktes in Deutschland im 16. Jahrhundert, in: JbNSt 173 (1961) 448–489.
2. W. ABEL, Geschichte der deutschen Landwirtschaft vom frühen Mittelalter bis zum 19. Jahrhundert. Stuttgart 1962; 3. Aufl. ebd. 1978 (danach zitiert).
3. W. ABEL, Agrarkrisen und Agrarkonjunktur. Eine Geschichte der Land- und Ernährungswirtschaft Mitteleuropas seit dem frühen Mittelalter. 2. Aufl. Hamburg/Berlin 1966; 3. Aufl. ebd. 1978 (danach zitiert).
4. W. ABEL, Landwirtschaft 1500–1648, in: Nr. 9, 386–413.
5. W. ABEL, Massenarmut und Hungerkrisen im vorindustriellen Deutschland. Göttingen 1972.
6. W. ABEL, Stufen der Ernährung. Eine historische Skizze. Göttingen 1981.
7. G. AUBIN, Der Einfluß der Reformation in der Geschichte der deutschen Wirtschaft. Halle 1929.
8. H. AUBIN, Das westfälische Leinengewerbe im Rahmen der deutschen und europäischen Leinwanderzeugung bis zum Ausbruch des Industriezeitalters. Dortmund 1964.

9. H. AUBIN/W. ZORN (Hrsg.), Handbuch der deutschen Wirtschafts- und Sozialgeschichte. 1. Bd. Stuttgart 1971.

10. P. BAIROCH/J. BATOU/P. CHEVRE, La population des villes européennes. Banque de données et analyse sommaire des résultats 800–1850. Genf 1988.

11. P. BAIROCH, Urbanization and the Economy in preindustrial societies: the findings of two decades of research, in: JEEH 18 (1989) 239–290.

12. R. BASSENGE, Die deutsche Handelspolitik im Spiegel der Reichsgesetzgebung von 1498–1806. o.O. 1948.

13. J. BASZANOWSKI, Ochsenzuchtgebiete und Ochsenausfuhr aus Polen vom 16. bis 18. Jahrhundert, in: Nr. 224, 125–136.

14. C. BAUER, Unternehmung und Unternehmungsformen im Spätmittelalter und in der beginnenden Neuzeit. Leipzig 1936.

15. H. BECHTEL, Wirtschafts- und Sozialgeschichte Deutschlands. Wirtschaftsstile und Lebensformen von der Vorzeit bis zur Gegenwart. München 1967.

16. J.-F. BERGIER, Die Geschichte vom Salz. Frankfurt/New York 1989.

17. F. BLAICH, Die Reichsmonopolgesetzgebung im Zeitalter Karls V. Ihre ordnungspolitische Problematik. Stuttgart 1967.

18. F. BLAICH, Zur Wirtschaftsgesinnung des frühkapitalistischen Unternehmers in Oberdeutschland, in: Tradition 15 (1970) 273–281.

19. F. BLAICH, Die Wirtschaftspolitik des Reichstages im Heiligen Römischen Reich. Ein Beitrag zur Problemgeschichte wirtschaftlichen Gestaltens. Stuttgart 1970.

20. F. BLAICH, Fleischpreise und Fleischversorgung in Oberdeutschland im 16. Jahrhundert, in: Beiträge zu Wirtschaftswachstum und Wirtschaftsstruktur im 16. und 19. Jahrhundert. Hrsg. v. W. Fischer. Berlin 1971, 29–56.

21. K. BLASCHKE, Grundzüge und Probleme einer sächsischen Agrarverfassungsgeschichte, in: ZRG GA 82 (1965) 223–287.

22. K. BLASCHKE, Entwicklungstendenzen im Städtewesen Sachsens zu Beginn der Neuzeit, in: Nr. 164, 245–258.

23. H. BLEECK, Lüneburgs Salzhandel im Zeitalter des Merkantilismus (16.–18. Jahrhundert). Lüneburg 1985.

24. F. BLENDINGER, Die wirtschaftlichen Führungsschichten in Augsburg 1430–1740, in: Nr. 73, 51–86.

25. P. BLICKLE, Unruhen in der ständischen Gesellschaft 1300–1800. München 1988.

26. W. A. Boelcke, Bäuerlicher Wohlstand in Württemberg Ende des 16. Jahrhunderts, in: JbNSt 176 (1964) 241–280.

27. W. A. Boelcke, Wandlungen der dörflichen Sozialstruktur während Mittelalter und Neuzeit, in: Wege und Forschungen der Agrargeschichte. Festschrift zum 65. Geburtstag von Günther Franz. Hrsg. v. H. Haushofer und W. A. Boelcke. Frankfurt a. Main 1967, 80–103.

28. W. A. Boelcke, Wirtschaftsgeschichte Baden-Württembergs von den Römern bis heute. Stuttgart 1987.

29. I. Bog, Wachstumsprobleme der oberdeutschen Wirtschaft 1540–1618, in: JbNSt 179 (1966) 493–537.

30. W. Bogsch, Die Führungsschichten im sächsischen Bergbau 1430–1740, in: Nr. 74, 87–108.

31. K. Borchardt/C. M. Cipolla (Hrsg.), Europäische Wirtschaftsgeschichte. Bd. 2. Stuttgart/New York 1979.

32. M. Born, Die Entwicklung der deutschen Agrarlandschaft. Darmstadt 1974.

33. B. vom Brocke (Hrsg.), Sombarts „Moderner Kapitalismus“. Materialien zur Kritik und Rezeption. München 1987.

34. C. Bruckner, Zur Wirtschaftsgeschichte des Regierungsbezirks Aachen. Köln 1967.

35. N. Bulst/J. Hoock/F. Irsigler (Hrsg.), Bevölkerung, Wirtschaft und Gesellschaft. Stadt-Land-Beziehungen in Deutschland und Frankreich 14. bis 19. Jahrhundert. Trier 1983.

36. C.-P. Clasen, Die Augsburger Weber. Leistungen und Krisen des Textilgewerbes um 1600. Augsburg 1981.

37. O. Dascher, Das Textilgewerbe in Hessen-Kassel vom 16. bis 19. Jahrhundert. Marburg 1968.

38. F. Deininger (Hrsg.), Das reiche Augsburg. Ausgewählte Aufsätze Jakob Strieders zur Augsburger und süddeutschen Wirtschaftsgeschichte des 15. und 16. Jahrhunderts. München 1938.

39. H. Dennert, Die Führungsschichten im Harzer Bergbau 1430–1740, in: Nr. 74, 109–120.

40. H. Dennert, Das Eisengewerbe im Bereich des Harzes von 1500–1650, in: Nr. 97, 233–240.

41. R. Dietrich, Die Städte Brandenburgs im 16. Jahrhundert (mit Stadtplänen), in: Nr. 164, 153–192.

42. R. Dietrich, Das Städtewesen Sachsens an der Wende vom Mittelalter zur Neuzeit (mit Stadtplänen), in: Nr. 164, 193–226.

43. A. DIETZ, Frankfurter Handelsgeschichte. 4 Bde. Glashütten im Taunus 1970 (unveränderter Nachdruck der Ausgabe Frankfurt a. Main 1910–1925).
44. P. DOLLINGER, Die Hanse. Stuttgart 1966.
45. R. VAN DÜLMEN, Formierung der europäischen Gesellschaft in der Frühen Neuzeit. Ein Versuch, in: GG 7 (1981) 5–41.
46. R. VAN DÜLMEN, Entstehung des frühneuzeitlichen Europa 1550–1648. Frankfurt a. Main 1982.
47. D. EBELING/F. IRSIGLER, Getreideumsatz, Getreide- und Brotpreise in Köln 1368–1797. 2 Teile. Köln 1976/1977.
48. M. J. ELSAS, Umriß einer Geschichte der Preise und Löhne in Deutschland, 1. Bd. Leiden 1936.
49. R. ENGELSING, Sozial- und Wirtschaftsgeschichte Deutschlands. 2. Aufl. Göttingen 1976
50. E. ENNEN, Fragen und Aufgaben der frühneuzeitlichen Stadtgeschichte, in: WestfF 24 (1972) 7–14.
51. E. ENNEN/W. JANSSEN, Deutsche Agrargeschichte. Vom Neolithikum bis zur Schwelle des Industriezeitalters. Wiesbaden 1979.
52. G. FRANZ, Die Geschichte des deutschen Landwarenhandels, in: Der deutsche Landwarenhandel. Hannover 1960, 15–110.
53. H. FREIBURG, Agrarkonjunktur und Agrarstruktur in vorindustrieller Zeit. Die Aussagekraft der säkularen Wellen der Preise und Löhne im Hinblick auf die Entwicklung der bäuerlichen Einkommen, in: VSWG 64 (1977) 289–327.
54. F. FRIEDENSBURG, Münzkunde und Geldgeschichte der Einzelstaaten des Mittelalters und der neueren Zeit. München 1926.
55. K. FRITZE, Bürger und Bauern zur Hansezeit. Studien zu den Stadt-Land-Beziehungen an der südwestlichen Ostseeküste vom 13. bis zum 16. Jahrhundert. Weimar 1976.
56. F. FURGER, Zum Verlagssystem als Organisationsform des Frühkapitalismus im Textilgewerbe, Stuttgart 1927.
57. F. GEISTHARDT, Frühes Eisengewerbe an Sieg, Dill und Lahn, in: Nr. 97, 188–203.
57a K. GERTEIS, Die deutschen Städte in der frühen Neuzeit. Zur Vorgeschichte der „bürgerlichen Welt“. Darmstadt 1986.
58. K. GLAMANN, Der Europäische Handel 1500–1750, in: Nr. 31, 271–333.
59. D. GÖTSCHMANN, Oberpfälzer Eisen. Bergbau und Eisengewerbe im 16. und 17. Jahrhundert. Theuern 1985.
60. G. GOTTLIEB u. a. (Hrsg.), Geschichte der Stadt Augsburg von der Römerzeit bis zur Gegenwart. Stuttgart 1984.

61. S. GRAMULLA, Kölner Kaufleute im Handel mit dem Ostseeraum am Ende des 15. und im 16. Jahrhundert, in: Köln, das Reich und Europa. Köln 1971, 553–598.
62. S. GRAMULLA, Handelsbeziehungen Kölner Kaufleute zwischen 1500 und 1650. Köln/Wien 1972.
63. A. GRASSMANN (Hrsg.), Lübeckische Geschichte. Lübeck 1988.
64. H. HAAN, Prosperität und Dreißigjähriger Krieg, in: GG 7 (1981) 91–118.
65. R. HÄPKE, Der nationalwirtschaftliche Gedanke in Deutschland zur Reformationszeit, in: HZ 134 (1926) 250–368.
66. HANDBUCH der historischen Stätten Deutschlands. 11 Bde. 2. Aufl. Stuttgart 1964–1987.
67. H. HARNISCH, Bauern – Feudalismus – Stadtbürgertum. Untersuchungen über die Zusammenhänge zwischen Feudalrente, bäuerlicher und gutsherrlicher Warenproduktion und den Ware-Geld-Beziehungen in der Magdeburger Börde und dem nördlichen Harzvorland von der frühbürgerlichen Revolution bis zum Dreißigjährigen Krieg. Weimar 1980.
68. E. HASSE, Geschichte der Leipziger Messen. Leipzig 1885 (Neudruck 1963).
69. H. HASSINGER, Politische Kräfte und Wirtschaft 1350–1800, in: Nr. 9, 608–657.
70. H. HAUSSHERR, Wirtschaftsgeschichte der Neuzeit vom Ende des 14. bis zur Höhe des 19. Jahrhunderts. 5. Aufl. Köln/Wien 1981.
71. A. HAVERKAMP (Hrsg.), Zur Geschichte der Juden im Deutschland des späten Mittelalters und der frühen Neuzeit. Stuttgart 1981.
72. G. HEITZ, Ländliche Leinenproduktion in Sachsen (1470–1550). Berlin 1961.
73. H. HELBIG (Hrsg.), Führungskräfte der Wirtschaft in Mittelalter und Neuzeit. 1350–1850. Teil I. Limburg/Lahn 1973.
74. F.-W. HENNING, Das vorindustrielle Deutschland 800 bis 1800. Paderborn 1974.
75. F.-W. HENNING, Landwirtschaft und ländliche Gesellschaft in Deutschland. 1. Bd. (800 bis 1750) 2. Aufl. Paderborn 1985.
76. R. HILDEBRANDT, Augsburger und Nürnberger Kupferhandel 1500–1619. Produktion, Marktanteile und Finanzierung im Vergleich zweier Städte und ihrer wirtschaftlichen Führungsschicht, in: Nr. 102, 190–224.
77. R. HILDEBRANDT, Die Krise auf dem europäischen Kupfermarkt 1570–1580, in: Nr. 121, 170–178.

78. J. Höffner, Wirtschaftsethik und Monopole im fünfzehnten und sechzehnten Jahrhundert. Jena 1941.
79. A. K. Hömberg, Wirtschaftsgeschichte Westfalens. Münster 1968.
80. A. Hoffmann, Die Grundherrschaft als Unternehmen, in: ZAA 6 (1958) 123–131.
81. A. Hoffmann, Zur Problematik der agrarischen Nebengewerbe und der Reagrarisierung, in: Agrarisches Nebengewerbe und Formen der Reagrarisierung im Spätmittelalter und 19./20. Jahrhundert. Hrsg. v. H. Kellenbenz. Stuttgart 1975, 29–38.
82. J. A. van Houtte, Ein Instrument der Forschung: Hermann Aubin und Wolfgang Zorn (Hrsg.), Handbuch der deutschen Wirtschafts- und Sozialgeschichte, in: VSWG 68 (1981) 511–518.
83. F. Irsigler, Kölner Wirtschaftsbeziehungen zum Oberrhein vom 14. bis 16. Jahrhundert, in: ZGO 122 (1974) 1–21.
84. F. Irsigler, Zum Kölner Viehhandel und Viehmarkt im Spätmittelalter, in: Nr. 224, 219–232.
85. F. Irsigler: Kölner Wirtschaft im Spätmittelalter, in: Nr. 99, 217–319.
86. F. Irsigler, Möglichkeiten und Grenzen quantifizierender Forschung in der Wirtschafts- und Sozialgeschichte des Spätmittelalters und der frühen Neuzeit, in: RhVjbll 43 (1979), 236–259.
87. G. Jahn, Der Verlag als Unternehmungsform und Betriebssystem im ostmitteldeutschen Leinengewerbe des 16. und 17. Jahrhunderts, in: VSWG 34 (1941) 158–180.
88. E. Keyser (Hrsg.), Deutsches Städtebuch. Handbuch städtischer Geschichte. Stuttgart 1939 ff.
89. H. Kellenbenz, Die unternehmerische Betätigung der verschiedenen Stände während des Übergangs zur Neuzeit, in: VSWG 44 (1957) 1–25.
90. H. Kellenbenz, Die westeuropäische Konkurrenz in der Nordmeerfahrt bis ins 17. Jahrhundert, in: VSWG 47 (1960) 474–497.
91. H. Kellenbenz, Bäuerliche Unternehmertätigkeit im Bereich der Nord- und Ostsee vom Hochmittelalter bis zum Ausgang der neueren Zeit, in: VSWG 49 (1962) 1–40.
92. H. Kellenbenz, Die Juden in der Wirtschaftsgeschichte des rheinischen Raumes von der Spätantike bis zum Jahre 1648, in: Monumenta Judaica. Dokumente einer Geschichte der Juden in Deutschland. 1. Bd. Köln 1963, B 140–209.
93. H. Kellenbenz, Unternehmertum in Südwestdeutschland, in: Tradition 10 (1965) 163–212.

94. H. Kellenbenz, Ländliches Gewerbe und bäuerliches Unternehmertum in Westeuropa vom Spätmittelalter bis ins 18. Jahrhundert, in: Deuxième conférence internationale d'histoire économique à Aix-en-Provence. 2. Bd. Paris/Den Haag 1965, 377–427.

95. H. Kellenbenz, Wirtschaftsleben im Zeitalter der Reformation, in: Nr. 151, 186–193.

96. H. Kellenbenz, Gewerbe und Handel 1500–1648, in: Nr. 9, 414–464.

97. H. Kellenbenz (Hrsg.), Schwerpunkte der Eisengewinnung und Eisenverarbeitung in Europa 1500–1650. Köln/Wien 1974.

98. H. Kellenbenz, Europäisches Eisen. Produktion – Verarbeitung – Handel (Vom Ende des Mittelalters bis ins 18. Jahrhundert), in: Nr. 97, 397–452.

99. H. Kellenbenz (Hrsg.), Zwei Jahrtausende Kölner Wirtschaft. 1. Bd. Köln 1975.

100. H. Kellenbenz, Wirtschaftsgeschichte Kölns im 16. und beginnenden 17. Jahrhundert, in: Nr. 99, 321–427.

101. H. Kellenbenz, Wolltuchproduktion und Tuchhandel im Rheinland und Westfalen und an der Nordseeküste, in: Nr. 190, 279–300.

102. H. Kellenbenz (Hrsg.), Schwerpunkte der Kupferproduktion und des Kupferhandels in Europa 1500–1650. Wien/Köln 1977.

103. H. Kellenbenz, Europäisches Kupfer, Ende 15. bis Mitte 17. Jahrhundert. Ergebnisse eines Kolloquiums, in: 102, 290–351.

104. H. Kellenbenz, Deutsche Wirtschaftsgeschichte, 1. Bd. München 1977.

105. H. Kellenbenz, Technik und Wirtschaft im Zeitalter der Wissenschaftlichen Revolution, in: Nr. 31, 113–169.

106. H. Kellenbenz, Die Gesellschaft in der mitteleuropäischen Stadt im 16. Jahrhundert, in: Nr. 164, 1–20.

107. H. Kellenbenz (Hrsg.), Precious Metals in the Age of Expansion. Stuttgart 1981.

108. H. Kellenbenz, Wirtschaftsleben der Blütezeit, in: Nr. 60, 258–300.

109. H. Kellenbenz/R. Walter, Das Deutsche Reich 1350–1650, in: Handbuch der europäischen Wirtschafts- und Sozialgeschichte. 3. Bd. Hrsg. v. H. Kellenbenz. Stuttgart 1986, 822–893.

110. H. KISCH, Die hausindustriellen Textilgewerbe am Niederrhein vor der industriellen Revolution. Von der ursprünglichen zur kapitalistischen Akkumulation. Göttingen 1981.
111. E. KIRSTEN/E. W. BUCHHOLZ/W. KÖLLMANN, Raum und Bevölkerung in der Weltgeschichte. Bevölkerungs-Ploetz. 2. Bd. Würzburg 1955.
112. I. N. KISS, Die Bedeutung der ungarischen Viehzucht für Ungarn und Mitteleuropa vom 16. bis zum 18. Jahrhundert, in: Nr. 224, 83–124.
113. E. KLEIN, Geschichte der öffentlichen Finanzen in Deutschland (1500–1870). Wiesbaden 1974.
114. E. KLEIN, Deutsche Bankengeschichte. 1. Bd. Von den Anfängen bis zum Ende des alten Reiches (1806). Frankfurt a. Main 1982.
115. R. KÖTZSCHKE, Grundzüge der deutschen Wirtschaftsgeschichte bis zum 17. Jahrhundert. 2. Aufl. Leipzig/Berlin 1923.
116. W. KOPPE, Zur Preisrevolution des 16. Jahrhunderts in Holstein, in: ZSHG 79 (1955), 185–216.
117. H.-J. KRASCHEWSKI, Der Bergbau des Harzes im 16. und zu Beginn des 17. Jahrhunderts. Stand und Aufgaben der Forschung, in: Nr. 121, 134–143.
118. P. KRIEDTE, Spätfeudalismus und Handelskapitalismus. Grundlagen der europäischen Wirtschaftsgeschichte vom 16. bis zum Ausgang des 18. Jahrhunderts. Göttingen 1980.
119. F. KRINS, Das Eisengewerbe im Süderland von 1500 bis 1650, in: Nr. 97, 172–187.
120. E. KROKER, Handelsgeschichte der Stadt Leipzig. Leipzig 1925.
121. W. KROKER/E. WESTERMANN (Hrsg.), Montanwirtschaft Mitteleuropas vom 12. bis 17. Jahrhundert. Stand, Wege und Aufgaben der Forschung. Bochum 1984.
122. J. KROMPHARDT, Konzeptionen und Analysen des Kapitalismus – von seiner Entstehung bis zur Gegenwart. 2. Aufl. Göttingen 1987.
123. J. KULISCHER, Allgemeine Wirtschaftsgeschichte des Mittelalters und der Neuzeit. 2 Bd. 4. Aufl. Darmstadt 1971.
124. B. KUSKE, Wirtschaftsgeschichte Westfalens in Leistung und Verflechtung mit den Nachbarländern bis zum 18. Jahrhundert. 2. Aufl. Münster 1949.
125. A. LAUBE, Studien über den erzgebirgischen Silberbergbau von 1470 bis 1546. Berlin 1974.

126. A. LAYER, Siedlung und Bevölkerung, in: Nr. 191, 3. Bd., 1043–1058.

127. A. LAYER/E. SCHREMMER, Wirtschaft, in: Nr. 191, 3. Bd., 1067–1120.

128. F. LERNER, Die Reichsstadt Frankfurt und ihre Messen im Verhältnis zu Ost- und Südosteuropa im Zeitraum von 1480 bis 1630, in: Der Außenhandel Ostmitteleuropas 1450–1650. Die ostmitteleuropäischen Volkswirtschaften in ihren Beziehungen zu Mitteleuropa. Hrsg. v. I. Bog. Köln/Wien 1971, 147–184.

129. F. LERNER, Die Bedeutung des internationalen Ochsenhandels für die Fleischversorgung deutscher Städte im Spätmittelalter und der frühen Neuzeit, in: Nr. 224, 197–218.

130. F. LÜTGE, Deutsche Sozial- und Wirtschaftsgeschichte. Ein Überblick. 2. Aufl. Berlin/Göttingen/Heidelberg 1960; 3. Aufl. ebd. 1966 (danach zitiert).

131. F. LÜTGE, Reich und Wirtschaft. Zur Reichsgewerbe- und Reichshandelspolitik im 15.–18. Jahrhundert. Dortmund 1961.

132. F. LÜTGE, Geschichte der deutschen Agrarverfassung vom frühen Mittelalter bis zum 19. Jahrhundert. 2. Aufl. Stuttgart 1967.

133. F. LÜTGE, Die wirtschaftliche Lage Deutschlands vor Ausbruch des Dreißigjährigen Krieges, in: Studien zur Sozial- und Wirtschaftsgeschichte. Gesammelte Abhandlungen von Friedrich Lütge. Stuttgart 1963, 336–395.

134. F. LÜTGE, Strukturwandlungen im ostdeutschen und osteuropäischen Fernhandel des 14. bis 16. Jahrhunderts, in: Beiträge zur Sozial- und Wirtschaftsgeschichte. Gesammelte Abhandlungen von Friedrich Lütge, Hrsg. v. E. Schremmer. Stuttgart 1970, 95–133.

135. F. LÜTGE, Der Handel Nürnbergs nach dem Osten im 15./16. Jahrhundert, ebd. 134–192.

136. H. LÜTHY, Nochmals: „Calvinismus und Kapitalismus", in: SZG 11 (1961), 129–156.

137. A. DE MADDALENA, Das ländliche Europa 1500–1750, in: Nr. 31, 171–221.

138. F. MAGER, Geschichte des Bauerntums und der Bodenkultur im Lande Mecklenburg. Berlin 1955.

139. W. MAGER, Protoindustrialisierung und agrarisch-heimgewerbliche Verflechtung in Ravensberg während der Frühen Neuzeit. Studien zu einer Gesellschaftsformation im Übergang, in: GG 8 (1982) 435–474.

140. K. MANTEL, Forstgeschichte des 16. Jahrhunderts unter dem Einfluß der Forstordnungen und Noe Meurers. Hamburg/Berlin 1980.
141. F. MATHIS, Zur Periodisierung in Wirtschafts- und Sozialgeschichte, in: IHS 1 (1978) 173–199.
142. H. MAUERSBERG, Wirtschafts- und Sozialgeschichte zentraleuropäischer Städte in neuerer Zeit. Dargestellt an den Beispielen von Basel, Frankfurt a. M., Hamburg, Hannover und München. Göttingen 1960.
143. W. MINCHINTON, Die Veränderungen der Nachfragestruktur von 1500–1700, in: Nr. 31, 51–112.
144. R. MOLS, Die Bevölkerung Europas 1500–1700, in: Nr. 31, 5–49.
145. B. H. MOLTMANN, Geschichte der deutschen Handelsschiffahrt. Bearbeitet von W. Kresse. Hamburg 1981.
146. H. MOTTEK, Wirtschaftsgeschichte Deutschlands. Ein Grundriß. 1. Bd. Berlin 1957.
147. K. O. MÜLLER, Welthandelsbräuche (1480–1540). Stuttgart/Berlin 1934.
148. M. NORTH, Untersuchungen zur adligen Gutswirtschaft im Herzogtum Preußen des 16. Jahrhunderts, in: VSWG 70 (1983) 1–20.
149. G. PARKER, Die Entstehung des modernen Geld- und Finanzwesens in Europa 1500–1730, in: Nr. 31, 335–379.
150. E. L. PETERSEN, Production and Trade in Oxen 1450–1750: Denmark, in: Nr. 223, 137–170.
151. G. PFEIFFER (Hrsg.), Nürnberg – Geschichte einer europäischen Stadt. München 1971.
152. G. PHILIPP, Eisengewinnung und Eisenverarbeitung im südwestdeutschen Raum von 1500–1650, in: Nr. 97, 204–232.
153. P. PIASECKI, Das deutsche Salinenwesen 1550–1650: Invention – Innovation – Diffusion. Idstein 1987.
154. M. PIENDL, Thurn und Taxis 1517–1867. Zur Geschichte des fürstlichen Hauses und der Thurn und Taxisschen Post. Frankfurt 1967.
155. M. PIENDL, Das Fürstliche Haus Thurn und Taxis. Zur Geschichte des Hauses und der Thurn und Taxis-Post. Regensburg 1980.
156. E. PITZ, Wirtschaftliche und soziale Probleme der gewerblichen Entwicklung im 15./16. Jahrhundert nach hansisch-niederdeutschen Quellen, in: Wirtschaftliche und soziale Probleme der ge-

werblichen Entwicklung im 15.–16. und 19. Jahrhundert. Hrsg. v. F. Lütge. Stuttgart 1968, 16–43.

157. G. von PÖLNITZ, Die Fugger. 3. Aufl. Tübingen 1970.

158. H. POHL, Köln und Antwerpen um 1500, in: Köln, das Reich und Europa. Köln 1971, 469–552.

159. H. POHL, Zur Geschichte von Wollproduktion und Wollhandel im Rheinland, in Westfalen und Hessen vom 12. bis zum 17. Jahrhundert, in: Nr. 189, 89–96.

160. H. POHL, Das Eisengewerbe in der Eifel und im Hunsrück, in: Nr. 97, 147–171.

161. H. POHL, Kupfergewinnung, Kupferverarbeitung und Kupferhandel im Aachen-Stolberger Raum von 1500 bis 1650, in: Nr. 102, 225–240.

162. C. PRIESNER, Das deutsche Salinenwesen im frühen 17. Jahrhundert. München 1980.

163. H. PROESLER, Das gesamtdeutsche Handwerk im Spiegel der Reichsgesetzgebung von 1530 bis 1806. Berlin 1954.

164. W. RAUSCH (Hrsg.), Die Stadt an der Schwelle zur Neuzeit. Linz 1980.

165. F. REDLICH, Der deutsche fürstliche Unternehmer, eine typische Erscheinung des 16. Jahrhunderts, in: Tradition 3 (1958) 17–32 und 98–112.

166. W. REININGHAUS, Zur Methodik der Handwerksgeschichte des 14.–17. Jahrhunderts. Anmerkungen zu neuer Forschung, in: VSWG 72 (1985) 369–378.

167. I. RICHARZ, Herrschaftliche Haushalte in vorindustrieller Zeit im Weserraum. Berlin 1971.

168. G. RÖSCH, Venedig und das Reich. Handels- und verkehrspolitische Beziehungen in der deutschen Kaiserzeit. Tübingen 1982.

169. D. SAALFELD , Die Wandlungen der Preis- und Lohnstruktur während des 16. Jahrhunderts in Deutschland, in: Beiträge zu Wirtschaftswachstum und Wirtschaftsstruktur im 16. und 19. Jahrhundert. Hrsg. v. W. Fischer. Berlin 1971, 9–28.

170. J. H. SCHAWACHT, Zum Problem der Erfassung wirtschaftlicher Wechsellagen im Siegerländer Eisengewerbe der frühen Neuzeit, in: Wachstumsschwankungen. Wirtschaftliche und soziale Auswirkungen (Spätmittelalter bis 20. Jahrhundert). Hrsg. v. H. Kellenbenz. Stuttgart 1981, 47–60.

171. J. SCHILDHAUER/K. FRITZE/W. STARK, Die Hanse. 2. Aufl. Berlin 1975.

172. H. SCHIMANK, Naturwissenschaft und Technik im 16. Jahrhundert, in: Technikgeschichte 30 (1941) 99–106.
173. R. SCHLUNDT, Der pfälzische Quecksilberbergbau im 15. und 16. Jahrhundert, in: Nr. 121, 148–151.
174. G. SCHMOLLER, Deutsches Städtewesen in älterer Zeit. Bonn/Leipzig 1922.
175. F. SCHNELBÖGL, Die wirtschaftliche Bedeutung ihres Landgebietes für die Reichsstadt Nürnberg, in: Beiträge zur Wirtschaftsgeschichte Nürnbergs I, Nürnberg 1967, 261–317.
176. E. SCHREMMER, Die Wirtschaft Bayerns. Vom hohen Mittelalter bis zum Beginn der Industrialisierung. Bergbau. Gewerbe. Handel. München 1970.
177. E. SCHREMMER, Die Entwicklung der gewerblichen Wirtschaft und des Handels bis zum Beginn des Merkantilismus, in: Nr. 191, 3. Bd., 478–503.
178. E. SCHREMMER, Wirtschaft, in: Nr. 191, 3. Bd., 1372–1392.
179. G. SCHRÖDER-LEMBKE, Entstehung und Verbreitung der Mehrfelderwirtschaft in Nordostdeutschland, in: ZAA 2 (1954) 123–133.
180. J. SCHÜTTENHEIM, Zur Münzprägung und Silberversorgung süddeutscher Münzstätten im frühen 16. Jahrhundert, in: Nr. 121, 159–169.
181. A. SCHULTE, Geschichte der Großen Ravensburger Handelsgesellschaft 1380–1530. 3 Bde. Stuttgart/Berlin 1923.
182. W. SCHULZE, Deutschland im 16. Jahrhundert, 1500–1618. Frankfurt a. Main 1987.
183. E. SCHWARZE, Soziale Struktur und Besitzverhältnisse der ländlichen Bevölkerung Ostthüringens im 16. Jahrhundert. Weimar 1975.
184. D. SELLA, Die gewerbliche Produktion in Europa 1500–1700, in: Nr. 31, 223–269.
185. S. SIEBER, Eisengewerbe in Schlesien, Sachsen, Thüringen, Böhmen und in der Oberpfalz, in: Nr. 97, 241–263.
186. S. SKALWEIT, Der Beginn der Neuzeit. Epochengrenze und Epochenbegriff. Darmstadt 1982.
187. W. SOMBART, Der moderne Kapitalismus. Historisch-systematische Darstellung des gesamteuropäischen Wirtschaftslebens von seinen Anfängen bis zur Gegenwart. 2. Bd. 2. Fassung. München/Leipzig 1928.
188. W. SOMBART, Die Juden und das Wirtschaftsleben. München/Leipzig 1928.

189. M. SPALLANZANI (Hrsg.), La lana come materia prima. I fenomeni della sua produzione e circolazione nei secoli XIII-XVII. Florenz 1974.

190. M. SPALLANZANI (Hrsg.), Produzione commercio e consumo dei panni di lana (nei secoli XII–XVIII). Florenz 1976.

191. M. SPINDLER (Hrsg.), Handbuch der bayerischen Geschichte. 3 Bde. München 1979.

192. R. SPRANDEL, Zur Geschichte der Eisenerzeugung im Spätmittelalter, in: Nr. 121, 74–76.

193. R. SPRANDEL, Zur Geschichte der Wollproduktion in Nordwestdeutschland, in: Nr. 189, 97–108.

194. B. SPRENGER, Münzverschlechterung, Geldmengenwachstum und Bevölkerungsvermehrung als Einflußgrößen der sogenannten Preisrevolution im 16. und beginnenden 17. Jahrhundert in Deutschland, in: Theorie und Empirie in Wirtschaftspolitik und Wirtschaftsgeschichte. Festschrift für Wilhelm Abel zum 80. Geburtstag. Hrsg. v. K. H. Kaufhold/F. Riemann. Göttingen 1984, 127–144.

195. R. STAHLSCHMIDT, Eisenverarbeitende Gewerbe in Süd- und Westdeutschland. Ein Forschungsbericht, in: Nr. 121, 77–85.

196. M. STEINMETZ, Deutschland von 1476 bis 1648. Von der frühbürgerlichen Revolution bis zum Westfälischen Frieden. 2. Aufl. Berlin 1978.

197. M. STOLLEIS, Pecunia nervus rerum. Zur Staatsfinanzierung in der frühen Neuzeit. Frankfurt a. Main 1983.

198. R. STRAUS, Die Juden in Wirtschaft und Gesellschaft. Untersuchungen zur Geschichte einer Minorität. Frankfurt a. Main 1964.

199. J. STRIEDER, Studien zur Geschichte kapitalistischer Organisationsformen. Monopole, Kartelle und Aktiengesellschaften im Mittelalter und zu Beginn der Neuzeit. 2. Aufl. München/Leipzig 1925.

200. J. STRIEDER, Zur Genesis des modernen Kapitalismus. Forschungen zur Entstehung der großen bürgerlichen Kapitalvermögen am Ausgange des Mittelalters und zu Beginn der Neuzeit, zunächst in Augsburg. 2. Aufl. München/Leipzig 1935.

201. A. STROBEL, Agrarverfassung im Übergang. Studien zur Agrargeschichte des badischen Breisgaus vom Beginn des 16. bis zum Ausgang des 18. Jahrhunderts. Freiburg/München 1972.

202. W. von STROMER, Die wirtschaftlichen Fürungsschichten in Nürnberg 1368–1648, in: Nr. 73, 1–50.

203. W. von Stromer, Die Wolle in der oberdeutschen Wirtschaft vom 13. bis zum 17. Jahrhundert, in: Nr. 189, 109–120.

204. W. von Stromer, Die oberdeutschen Geld- und Wechselmärkte. Ihre Entwicklung vom Spätmittelalter bis zum Dreißigjährigen Krieg, in: Scripta Mercaturae 10 (1976) 23–51.

205. W. von Stromer, Zur Organisation des transkontinentalen Ochsen- und Textilhandels im Spätmittelalter. Der Ochsenhandel des Reichserbkämmerers Konrad von Weinsberg anno 1422, in: Nr. 224, 171–196.

206. W. von Stromer, Gewerbereviere und Protoindustrien in Spätmittelalter und Frühneuzeit, in: Gewerbe- und Industrielandschaften vom Spätmittelalter bis ins 20. Jahrhundert. Hrsg. v. H. Pohl. Stuttgart 1986, 39–111.

207. L. Suhling, Schmelztechnische Entwicklungen im ostalpinen Metallhüttenwesen des 15. und 16. Jahrhunderts, in: Nr. 121, 125–130.

208. L. Suhling, Aufschließen, Gewinnen und Fördern. Geschichte des Bergbaus. Reinbek 1983.

209. M. Thier, Geschichte der schwäbischen Hüttenwerke. Ein Beitrag zur württembergischen Wirtschaftsgeschichte 1365–1802. Aalen/Stuttgart 1965.

210. A. Timm, Die Bedeutung des Mansfelder Kupfers zwischen 1500 und 1630, in: Nr. 102, 184–189.

211. J. Topolski, Ein Versuch der Modellanalyse der Entstehung des Kapitalismus und des Refeudalisierungsprozesses in Europa (14.–17. Jahrhundert), in: Wirtschaftskräfte und Wirtschaftswege. 5. Bd. Hrsg. v. J. Schneider. Stuttgart 1981, 213–227.

212. W. Treue, Der landwirtschaftliche Unternehmer in Ostdeutschland, in: Tradition 3 (1958) 33–39.

213. W. Treue, Wirtschaft, Gesellschaft und Technik in Deutschland vom 16. bis zum 18. Jahrhundert, in: Gebhardt. Handbuch der Deutschen Geschichte. 2. Bd. Hrsg. v. H. Grundmann. 9. Aufl. Stuttgart 1970, 437–545.

214. J. de Vries, European Urbanization 1500–1800. London 1984.

215. I. Wallerstein, Das moderne Weltsystem – Die Anfänge kapitalistischer Landwirtschaft und die europäische Weltökonomie im 16. Jahrhundert. Frankfurt a. Main 1986.

216. H.-U. Wehler, Deutsche Gesellschaftsgeschichte. 1. Bd. München 1987.

217. H. WEISS, Das Agrarwesen vom Spätmittelalter bis zum Ende des 18. Jahrhunderts, in: Nr. 191, 3. Bd., 456–476.

218. H. WEISS, Lebenshaltung und Vermögensbildung des „mittleren" Bürgertums. Studien zur Sozial- und Wirtschaftsgeschichte der Reichsstadt Nürnberg zwischen 1400 und 1600. München 1980.

219. M. J. WENNINGER, Man bedarf keiner Juden mehr. Ursachen und Hintergründe ihrer Vertreibung aus den deutschen Reichsstädten im 15. Jahrhundert. Wien 1981.

220. W. WERNET, Kurzgefaßte Geschichte des Handwerks in Deutschland. 4. Aufl. Dortmund 1963.

221. E. WESTERMANN, Das Eislebener Garkupfer und seine Bedeutung für den europäischen Kupfermarkt 1460–1560. Köln 1971.

222. E. WESTERMANN, Zur künftigen Erforschung der Frankfurter Messen des 16. und frühen 17. Jahrhunderts. Ein Wegweiser zu ungenutzten Quellen, in: Wirtschaftskräfte und Wirtschaftswege. 2. Bd. Hrsg. v. J. Schneider. Stuttgart 1978, 245–270.

223. E. WESTERMANN, Forschungsaufgaben des internationalen Ochsenhandels aus mitteleuropäischer Sicht, in: Nr. 224, 261–294.

224. E. WESTERMANN (Hrsg.), Internationaler Ochsenhandel (1350–1750). Stuttgart 1979.

225. E. WESTERMANN, Tendencies in the European Copper Market in the 15th and 16th Centuries, in: Nr. 107, 71–77.

226. E. WESTERMANN, Silbererzeugung, Silberhandel und Wechselgeschäft im Thüringer Saigerhandel von 1460–1620, in: VSWG 70 (1983) 192–214.

227. E. WESTERMANN, Zur Silber- und Kupferproduktion Mitteleuropas vom 15. bis zum frühen 17. Jahrhundert. Über Bedeutung und Rangfolge der Reviere von Schwaz, Mansfeld und Neusohl, in: Der Anschnitt 38 (1986) 187–211.

228. E. WESTERMANN (Hrsg.), Quantifizierungsprobleme bei der Erforschung der europäischen Montanwirtschaft des 15. bis 18. Jahrhunderts. St. Katharinen 1988.

229. F. WIELANDT, Münzen, Gewichte und Maße bis 1800, in: Nr. 9, 658–676.

230. H. WIESE/J. BÖLTS, Rinderhandel und Rinderhaltung im nordwesteuropäischen Küstengebiet vom 15. bis 19. Jahrhundert. Stuttgart 1966.

231. H. WITTHÖFT, Struktur und Kapazität der Lüneburger Saline seit dem 12. Jahrhundert, in: VSWG 63 (1976) 1–117.

232. W. ZORN, Augsburg. Geschichte einer deutschen Stadt. Augsburg 1972.
233. W. ZORN, Ein neues Bild der Struktur der ostschwäbischen Gewerbelandschaft im 16. Jahrhundert, in: VSWG 75 (1988) 153–187.
234. A. ZYCHA, Über die Anfänge der kapitalistischen Ständebildung in Deutschland, in: VSWG 31 (1938) 105–146 und 209–241.

Register

Ortsnamen und Personennamen sind vollständig erfaßt, von den Schlagwörtern wurden nur die wichtigeren, von den einzelnen Berufen und Produkten nur die mehrfach genannten in das Register aufgenommen.

Enzyklopädie deutscher Geschichte

Themen und Autoren

Mittelalter

Gesellschaft

Demographie des Mittelalters / Neithard Bulst
Agrarwirtschaft, Agrarverfassung und ländliche Gesellschaft im Mittelalter / Werner Rösener
Adel, Rittertum und Ministerialität im Mittelalter / Thomas Zotz
Die Stadt im Mittelalter / Franz Irsigler
Armut im Mittelalter / Otto Gerhard Oexle
Geschichte des Judentums im Mittelalter / Michael Toch

Wirtschaft

Wirtschaftlicher Wandel und Wirtschaftspolitik im Mittelalter / Ulf Dirlmeier

Kultur, Alltag, Mentalitäten

Die geistige Kultur bis zur Gründung der Universitäten in Deutschland / Johannes Fried
Die geistige Kultur im Mittelalter / N.N.
Die ritterlich-höfische Kultur des Mittelalters / Werner Paravicini
Die materielle Kultur des Mittelalters / Hartmut Boockmann

Religion und Kirche

Die mittelalterliche Kirche / Michael Borgolte
Religiöse Bewegungen im Mittelalter / Matthias Werner
Formen der Frömmigkeit im Mittelalter / Arnold Angenendt

Politik, Staat, Verfassung

Die Germanen / Hans Hubert Anton
Die Slawen in der deutschen Geschichte des Mittelalters / N.N.
Das römische Erbe und das Merowingerreich / Reinhold Kaiser
Das Karolingerreich / Peter Johanek
Die Entstehung des deutschen Reiches / Joachim Ehlers
Königtum und Königsherrschaft im 10. und 11. Jahrhundert / Egon Boshof
Der Investiturstreit / Wilfried Hartmann
König und Fürsten, Kaiser und Papst nach dem Wormser Konkordat / Bernhard Schimmelpfennig
Deutschland und seine Nachbarn 1200–1500 / Dieter Berg
Die kirchliche Krise des Spätmittelalters / Heribert Müller
König, Reich und Reichsreform im Spätmittelalter / Karl-Friedrich Krieger
Landesherrschaft, Territorien und Frühformen des modernen Staates / Ernst Schubert

Frühe Neuzeit

Gesellschaft

Demographie 1500–1800 / Christian Pfister
Bauern zwischen Bauernkrieg und Dreißigjährigem Krieg / Peter Bierbrauer
Bauern vom Dreißigjährigen Krieg bis zur Bauernbefreiung / Werner Troßbach
Adel in der Frühen Neuzeit / Rudolf Endres

Der frühneuzeitliche Hof / Rainer A. Müller
Die Stadt in der Frühen Neuzeit / Heinz Schilling
Armut, Unterschichten, Randgruppen in der Frühen Neuzeit / Wolfgang von Hippel
Unruhen in der ständischen Gesellschaft 1300–1800 / Peter Blickle
Von der ständischen zur bürgerlichen Gesellschaft / Lothar Gall
Geschichte des Judentums vom 16. bis zum Ende des 18. Jahrhunderts / Stefi Jersch-Wenzel

Wirtschaft

Die deutsche Wirtschaft im 16. Jahrhundert / Franz Mathis
Die Entwicklung der Wirtschaft im Zeitalter des Merkantilismus 1620–1800 / Rainer Gömmel
Landwirtschaft in der Frühen Neuzeit / Walter Achilles
Gewerbe in der Frühen Neuzeit / Wilfried Reininghaus
Handel und Verkehr, Banken und Versicherungen in der Frühen Neuzeit / N.N.

Kultur, Alltag, Mentalitäten

Medien in der Frühen Neuzeit / Erdmann Weyrauch
Bildung und Wissenschaft in der Frühen Neuzeit 1650–1800 / Anton Schindling
Die Aufklärung / Wolfgang Hardtwig
Lebenswelt und Kultur des Bürgertums in der Frühen Neuzeit / Bernd Roeck
Lebenswelt und Kultur der unterbürgerlichen Schichten in der Frühen Neuzeit / Günther Lottes

Religion und Kirche

Die Reformation. Voraussetzungen und Durchsetzung / Bob Scribner
Konfessionalisierung im 16. Jahrhundert / Heinrich Richard Schmidt
Kirche, Staat und Gesellschaft im 17. und 18. Jahrhundert / Hartmut Lehmann
Religiöse Bewegungen in der Frühen Neuzeit / Hans-Jürgen Goertz

Politik, Staat, Verfassung

Das Reich in der Frühen Neuzeit / Helmut Neuhaus
Landesherrschaft, Territorien und Staat in der Frühen Neuzeit / Winfried Schulze
Die Entwicklung der landständischen Verfassung / Franz Quarthal
Vom aufgeklärten Reformstaat zum bürokratischen Staatsabsolutismus / Walter Demel

Staatensystem, internationale Beziehungen

Das Reich im Kampf um die Hegemonie in Europa 1521–1648 / Alfred Kohler
Altes Reich und europäische Staatenwelt 1648–1806 / Heinz Duchhardt

19. und 20. Jahrhundert

Gesellschaft

Demographie des 19. und 20. Jahrhunderts / Adelheid Gräfin zu Castell Rüdenhausen
Geschichte der Familie im 19. und 20. Jahrhundert / N.N.
Urbanisierung im 19. und 20. Jahrhundert / Klaus Tenfelde
Soziale Schichtung, soziale Mobilität und sozialer Protest im 19. und 20. Jahrhundert / Josef Mooser
Geschichte des deutschen Adels im 19. und 20. Jahrhundert / H. Reif
Das Bürgertum im 19. und 20. Jahrhundert / Dieter Hein
Die Angestellten im 19. und 20. Jahrhundert / Günther Schulz
Die Arbeiterschaft im 19. und 20. Jahrhundert / N.N.

Juden und jüdische Gemeinschaften in Deutschland 1780–1918 / Shulamit Volkov
Geschichte des deutschen Judentums 1914–1945 / Mosche Zimmermann

Wirtschaft

Vorgeschichte, Verlauf und Charakter der deutschen industriellen Revolution / Hans-Werner Hahn
Die Entwicklung der Wirtschaft im 20. Jahrhundert / Wilfried Feldenkirchen
Agrarwirtschaft und ländliche Gesellschaft in Deutschland im 19. Jahrhundert / Hartmut Harnisch
Landwirtschaft im 19. und 20. Jahrhundert / N.N.
Gewerbe und Industrie im 19. und 20. Jahrhundert / (Toni Pierenkemper)
Handel und Verkehr im 19. Jahrhundert / Karl Heinrich Kaufhold
Handel und Verkehr im 20. Jahrhundert / Horst A. Wessel
Banken und Versicherungen im 19. und 20. Jahrhundert / Eckhard Wandel
Staat und Wirtschaft im 19. Jahrhundert (bis 1914) / Rudolf Boch
Staat und Wirtschaft im 20. Jahrhundert / Gerold Ambrosius

Kultur, Alltag, Mentalitäten

Kultur, Bildung und Wissenschaft im 19. Jahrhundert / Rüdiger vom Bruch
Kultur, Bildung und Wissenschaft im 20. Jahrhundert / Horst Möller
Lebenswelt und Kultur des Bürgertums im 19. und 20. Jahrhundert / Dieter Langewiesche
Lebenswelt und Kultur der unterbürgerlichen Schichten im 19. und 20. Jahrhundert / Wolfgang Kaschuba

Religion und Kirche

Formen der Frömmigkeit in einer säkularisierten Gesellschaft / Werner K. Blessing
Kirche, Politik und Gesellschaft im 19. und 20. Jahrhundert / Gerhard Besier

Politik, Staat, Verfassung

Der Deutsche Bund und das politische System der Restauration 1815–1866 / Wolfram Siemann
Das Vordringen des Konstitutionalismus und das Ringen um den deutschen Nationalstaat / Elisabeth Fehrenbach
Die innere Entwicklung des Kaiserreichs / Hans-Peter Ullmann
Die innere Entwicklung der Weimarer Republik / Peter Steinbach
Das nationalsozialistische Herrschaftssystem / Ulrich v. Hehl
Die Bundesrepublik. Verfassung, Parlament und Parteien / Adolf M. Birke
Die Innenpolitik der Deutschen Demokratischen Republik / Günther Heydemann

Staatensystem, internationale Beziehungen

Die deutsche Frage und das europäische Staatensystem 1815–1871 / Anselm Doering-Manteuffel
Deutsche Außenpolitik 1871–1918 / Klaus Hildebrand
Die Außenpolitik der Weimarer Republik / Franz Knipping
Die Außenpolitik des Dritten Reiches / Marie-Luise Recker
Die Außenpolitik der Bundesrepublik Deutschland / Gregor Schöllgen
Die Außenpolitik der Deutschen Demokratischen Republik / Alexander Fischer

(Stand: Oktober 1991)